Histoire économique et sociale de la Côte d'Ivoire de 1843 à nos jours

Guéby Joseph DAGO

HISTOIRE ECONOMIQUE ET SOCIALE DE LA COTE D'IVOIRE DE 1843 A NOS JOURS

L'Harmattan

Déjà paru :

DAGO G.J. (2010), "Economie et instabilité en Côte d'Ivoire : une analyse en termes de coordination destructive", en collaboration, *Economie Appliquée,* 63 (3): 145-177.

DAGO G.J. (2012), *L'investissement direct étranger en Côte d'Ivoire. Economie politique et changement institutionnel,* Paris, L'Harmattan.

5-7, rue de l'École-Polytechnique ; 75005 Paris
http://www.harmattan.fr
diffusion.harmattan@wanadoo.fr
ISBN : 978-2-343-09825-8
EAN : 9782343098258

DÉDICACE

À mon épouse *Marie-Claire DAGO, née ZAKO*

À mes fils
Emmanuel Manassé DAGO,
Ephraïm DAGO,
Israël-E. DAGO

REMERCIEMENTS

Après plusieurs échanges fructueux sur *le changement institutionnel en Côte d'Ivoire* avec le Professeur Mehrdad VAHABI, mon ouvrage a été réalisé. Ainsi, je tiens à le remercier personnellement pour ses critiques et ses conseils sur ce livre.

Dans le processus de la réalisation du livre, je suis reconnaissant à ma chère épouse et amie Marie-Claire DAGO et mes fils (Emmanuel Manassé, Ephraïm et Israël-E.). Car ceux-ci ont accepté de sacrifier des nuits (sans leur père et époux auprès d'eux) pour la rédaction de ce bouquin.

Il sert de support de cours d'**Histoire Economique et Sociale de la Côte d'Ivoire** en Licence. Pour cela, je tiens à remercier tous les étudiants en sciences économiques et de gestion pour leurs réflexions intelligentes lors du cours d'Amphi.

Mes remerciements vont en l'endroit du Directeur de L'Harmattan Côte d'Ivoire, Monsieur Amon ETIEN, pour la publication de ce livre au sein de sa structure.

Enfin, pour mon intégration au sein de l'UJLoG (Université Jean Lorougnon GUEDE) de Daloa, mes remerciements vont à l'égard de mes collègues et du personnel de cette institution.

INTRODUCTION GÉNÉRALE

Présentement, la Côte d'Ivoire est le premier et le troisième pays producteur mondial respectivement de cacao et de café. Ce pays a ainsi connu une décennie de conflit et cinq mois de crise post-électorale. Trois ans après, la cohésion sociale n'a pas été retrouvée.

Fort de ces faits stylisés, cet ouvrage ayant pour titre *Histoire Economique et Sociale de la Côte d'Ivoire. De 1843 à nos jours* propose de fournir aux apprenants un guide d'accès à la compréhension de la trajectoire historique de l'économie ivoirienne intégrant les faits sociaux.

Organisé en quatre chapitres, avant et après l'indépendance de ce pays, cet ouvrage fait ressortir les différents changements opérés au niveau socio-économique avec le rôle essentiel joué par la réalisation de l'Investissement direct étranger (IDE) en Côte d'Ivoire, en 1843. Il pourrait se définir comme l'installation d'une partie de la production d'une firme à l'étranger ou bien une prise de participation dans une firme située à l'étranger.

L'IDE est la cause de l'évolution de l'économie ivoirienne avant l'indépendance de 1960. Celle-ci s'imbrique dans les faits sociaux. Selon la littérature économique, on distingue quatre *formes d'intégration sociale* (Polanyi, 1944 [1983], 1957 [1975], 1968, pp. 148-149 ; Vahabi, 2004, 2009a, p. 355, 2010 ; Dago, 2012), à savoir : la *réciprocité*, la *redistribution*, l'*échange* et l'*intégration par la coercition*. Définissons les quatre formes d'intégration sociale (typologie de Polanyi).

- La forme d'intégration par la *réciprocité* « *sous-entend des mouvements entre points de corrélation de groupes symétrique* ». Cette symétrie est fondée sur le système de parenté, mais uniquement. Ainsi, les groupes symétriques peuvent renvoyer à d'autres structures sociales telles que la tribu, le lignage, le clan, les communautés religieuses, les associations volontaires ou à caractère militaire, les tontines, les mutuelles, etc.

- L'intégration par la *redistribution* désigne quant à elle « *des mouvements d'appropriation en direction d'un centre, puis de celui-ci vers l'extérieur* ». Elle suppose la présence d'un centre d'attribution. La redistribution se fait en fonction de la coutume et de la loi. On peut citer, comme exemple l'État moderne qui prélève les impôts et les distribue, ensuite sous forme de salaires.

- La troisième forme d'intégration sociale est l'*échange*. Selon lui, « *[il] se réfère ici à des mouvements de va-et-vient tels que les changements de « mains » dans un système Marchand* ». Il requiert le support d'un système de marchés créateurs de prix. L'échange sera marchand en présence d'un prix. Dans le cas contraire, il sera qualifié de non marchand. Autrement dit, ce type de marché est caractérisé par le troc comme modalité d'échange.

- La quatrième forme d'intégration est l'*intégration par la coercition*. Elle se définit comme étant « *une forme d'intégration sociale à travers l'intimidation la menace et requiert l'utilisation de moyens coercitifs non institutionnalisés* ».

Ces quatre formes d'intégration sont distinctes uniquement au niveau théorique. Mais dans la réalité, il y a une *articulation* entre elles. Lorsqu'elles sont en crise, on assiste à leur *désarticulation* avec l'apparition d'un vide institutionnel. C'est dans un tel contexte que prospère l'*intégration par la coercition.*

Pour mieux comprendre la situation économique de la Côte d'Ivoire, il faudrait connaître son histoire. **Comment le changement économique s[1]'est-il opéré en Côte d'Ivoire ? Quel est l'impact de son économie sur les faits sociaux et vice-versa ?**

Les réponses aux questions posées s'inscrivent dans le plan de notre ouvrage ayant quatre chapitres de deux parties. Ainsi, chaque partie représente respectivement l'évolution de l'économie ivoirienne avant et après l'indépendance de 1960. Dans la première partie, le chapitre 1 présente la genèse de l'économie, tandis que le second chapitre fait le bilan des investissements. Quant à la deuxième partie, elle présente l'évolution de l'économie ivoirienne après l'indépendance. Il sera question de faire ressortir De la prospérité économique à la crise politique ivoirienne dans le chapitre 3. Enfin, le chapitre 4 montre les causes du conflit ivoirien.

Après les développements ci-dessous énoncés, nous présenterons une liste de tables, qui, sous diverses formes (annexes, figure), viendront étayer notre analyse et soutenir nos démonstrations.

Les tables sont constituées de:

- 1 tableau récapitulatif du changement institutionnel en Côte d'Ivoire de la période précoloniale jusqu'à nos jours (annexe 1) ;

---

[1] Pour mieux appréhender les termes changement économique, prenons appui sur North (2005) dans son ouvrage « *Le processus de développement économique* ». Car le changement institutionnel est un facteur important du changement économique, voir 1.1.2.

- la chronologie des évènements socio-économiques et politiques (1843-2015, en annexe 2) ;

- 1 figure portant sur l'évolution des formes institutionnelles de la société lignagère au contact des IDE avant 1960.

Partie 1
ÉVOLUTION DE L'ÉCONOMIE IVOIRIENNE AVANT L'INDÉPENDANCE (1960)

Introduction de la Première Partie

L'objectif assigné à cette partie est de montrer l'évolution économique opérée instaurée dans la société lignagère ivoirienne depuis l'avènement de l'IDE, en 1843, jusqu'au seuil de l'indépendance.

Notre réflexion dans cette première partie du livre se fera en deux chapitres. D'une part, le premier chapitre présentera la genèse de l'économie ivoirienne. Il montrera l'historique des IDE et les bouleversements de la société lignagère ivoirienne. D'autre part, dans le second chapitre, il sera question de faire ressortir le bilan sectoriel des capitaux investis et leurs origines dans l'économie de ce pays.

Chapitre 1
LA GENÈSE DE L'ÉCONOMIE IVOIRIENNE

Introduction

Notre objectif est de montrer le changement institutionnel intervenu en Côte d'Ivoire, suite à l'avènement de l'IDE en 1843. Nous retenons la définition selon laquelle le changement institutionnel renvoie aux changements des règles informelles (code de conduite, totems, etc.) par des règles formelles (droits de propriété privée, économie de marché, etc.). Dans ce cas précis, le changement institutionnel renvoie à l'instauration de nouvelles règles formelles et de nouveaux dispositifs de mise en application. Ainsi, toute la période précédant l'indépendance revêt dans l'histoire des faits économiques de la Côte d'Ivoire une importance particulière. Elle se présente en trois périodes : précoloniale, conquête coloniale et coloniale.

Notre réflexion soulignera la genèse de l'économie ivoirienne à travers les trois périodes précédant l'indépendance. Bien avant, il sera question d'analyser le cadre théorique.

1.1. Le cadre théorique : formes d'intégration sociale et approche institutionnelle

L'arrière-plan théorique de cet ouvrage est axé sur les formes d'*intégration sociale* dans lesquelles on assiste aux jeux des acteurs présents (État, investisseurs étrangers, forces nouvelles, partis politiques, etc). Ces acteurs sont analysés comme des institutions.

1.1.1. Les quatre formes d'intégration sociale

L'objectif de cette section est de montrer l'intégration de l'économie, c'est-à-dire l'IDE dans les institutions économique et non-économique en Côte d'Ivoire. Pour cela, il sera question d'analyser les différents modes d'institutionnalisation observés par l'IDE en Côte d'Ivoire. Ainsi, nous allons avoir recours au concept de « *forme d'intégration ou forme de régularité* » énoncé par Polanyi (1944[1983], 1957[1975], 1968, pp.148-149). Il n'en dénombre que trois : réciprocité, redistribution et échange. D'autres auteurs ont utilisé des concepts analogues afin d'étudier l'intégration de l'économie dans un système social. À cet égard, on peut citer les « mécanismes de contrôle » de Lindblom (1977) ou « les modes de coordination » de Kornai (1984, 1992). Définissons maintenant les trois formes d'intégration sociale.

La forme d'intégration par la réciprocité « *sous-entend des mouvements entre points de corrélation de groupes symétriques* » (Polanyi 1957[1975], p.245). Cette symétrie est fondée sur le système de parenté, mais pas uniquement. Ainsi, les groupes symétriques peuvent renvoyer à d'autres structures sociales telles que le lignage, la tribu, le clan, les communautés religieuses, les associations volontaires ou à caractère militaire. Notons en outre que l'intégration par la réciprocité n'est pas forcément bilatérale. Comme le précise Polanyi, il peut exister une symétrie entre différents groupes autour de plusieurs axes. Selon l'auteur, « *Les membres du groupe A pourraient alors établir des rapports de réciprocité avec leurs homologues du groupe B et vice versa. Mais la symétrie ne se limite pas à la dualité. Trois, quatre groupes ou plus peuvent être symétriques par rapport à deux axes ou plus ; en outre, il n'est pas nécessaire que les membres des groupes aient entre eux des comportements de réciprocité, mais ils peuvent en avoir vis-à-vis des membres correspondants de groupes tiers avec lesquels ils ont des relations analogues* » (Polanyi 1957[1975], p.246).

L'intégration par la redistribution désigne quant à elle *« des mouvements d'appropriation en direction d'un centre, puis de celui-ci vers l'extérieur »* (*op.cit., p.245*). Elle suppose la présence d'un centre d'attribution. La redistribution se fait en fonction de la coutume et de la loi. Un exemple dans l'histoire de la Côte d'Ivoire peut être donné par le fonctionnement des comptoirs (boutiques) durant la période de la conquête militaire (1843-1920). On assistait alors à un mouvement d'appropriation des produits de cueillette (kola, palmiste et huile de palme et caoutchouc) contre ceux importés d'Europe (pacotilles, tissus, sel, etc.) vers les comptoirs et des comptoirs vers les factoreries et les maisons de commerce (Dago, 2012, figure 1, p.58). On peut citer comme autre exemple l'État moderne qui prélève les impôts et les distribue ensuite sous forme de revenus de transferts.

La dernière forme d'intégration sociale décrite par Polanyi est l'échange. Selon lui, « *[il] se réfère ici à des mouvements de va-et-vient tels que les changements de « mains » dans un système Marchand* » (*ibidem*). Il requiert le support d'un système de marchés créateurs de prix. L'échange sera marchand en présence d'un prix. Dans le cas contraire, il sera qualifié de non marchand. Autrement dit, ce type de marché est caractérisé par le troc comme modalité d'échange. À titre d'exemple durant la période coloniale en Côte d'Ivoire, les échanges entre les produits européens importés et les produits crus (cueillette) se faisaient sous forme de troc dans les comptoirs.

Hormis les trois formes d'intégration de Polanyi, on peut ajouter une quatrième, que je qualifie d'intégration par la coercition. Elle fut identifiée au départ comme étant la « coopération coercitive » par Hirshleifer (2001) et Cowen et Sutter (2007) ou bien la « coordination destructive » par Vahabi (2004, 2009a, p.355, 2010, p.505). Tout au long de notre ouvrage, la forme *d'intégration par la coercition* sera basée sur l'analyse proposée par Vahabi, à savoir la coordination destructive.

Quant à nous, nous préférons utiliser la typologie de Polanyi. C'est ainsi qu'on identifie quatre principales « *formes d'intégration* », à savoir : la réciprocité, la redistribution, l'échange et l'intégration par la coercition. Rappelons les définitions de la quatrième forme d'intégration.

L'intégration par la coercition se définit comme étant *« une forme d'intégration sociale à travers l'intimidation, la menace et requiert l'utilisation de moyens coercitifs non institutionnalisés »* (Vahabi, 2009a, p.355). Elle est caractérisée par l'existence d'organisations et d'institution parallèles qui concurrencent les organisations et les institutions officielles. C'est exactement le cas en Côte d'Ivoire où les organisations et les institutions nées de la rébellion armée des Forces nouvelles (la *Central* et les forces armées des forces nouvelles-FAFN[1]) cherchaient à prendre le dessus sur celles du régime officiel durant la période du conflit entre le 19 septembre 2002 au 11 avril 2011. Cette période atteste la présence d'un « *État dans un État* » (Dago, 2012, pp. 173-176), appelée situation de « ni paix ni guerre ». D'où, la défaillance de l'État légal malgré sa présence en Côte d'Ivoire.

---

[1] C'est une structure chargée de collecter les impôts et les taxes en zones centre nord-ouest (CNO).

Comme indiqué *supra*, les quatre formes d'intégration sociale susmentionnées sont des types idéaux qui ne sont nettement distingués qu'au niveau théorique. Aucun système social n'est coordonné exclusivement par l'un ou l'autre d'entre eux. En fait, la réalité sociale est caractérisée par leur articulation ou, en d'autres termes par une combinaison spécifique de ces formes d'intégration avec la domination de l'une sur les autres. En revanche, lorsque les formes d'intégration par la *réciprocité*, la *redistribution* et l'*échange* sont en crise et qu'aucune d'elles ne peut être dominante, on assiste à un phénomène de *désarticulation*. Or, une telle situation de *no man's land* institutionnel coïncide le plus souvent avec une souveraineté et donc l'apparition de *l'intégration par la coercition.*

1.1.2. Approche institutionnelle de Douglass North

Nous avons choisi de prendre appui sur la théorie des institutions de Douglass North (voir en particulier North, 1990). En effet, North développe un cadre théorique dans lequel il différencie les organisations des institutions. Les premières sont les « *joueurs* », alors que les secondes sont les *« règles du jeu »*. À ce sujet, il distingue deux types de règles : formelles et informelles. De même, les organisations sont des groupes d'individus ayant un même but. Or, c'est exactement sous cet angle que nous souhaitons appréhender le cas ivoirien. Certaines organisations (les partis politiques, l'organisation politico-militaire des Forces nouvelles, l'État légal, les entreprises françaises en Côte d'Ivoire, les mouvements patriotiques, etc.) cherchent à composer avec les règles existantes pour parvenir à leurs objectifs (prendre le pouvoir, faire du profit, etc.). Selon le pouvoir dont elles disposent, elles peuvent même pour cela essayer de changer les règles.

Selon North, les « *Institutions sont des contraintes élaborées par les hommes pour structurer leurs interactions. Elles sont constituées de contraintes formelles (par exemple les règles, les lois et les constitutions), contraintes informelles (par exemple les normes de comportements, les conventions, les codes de conduite), et les dispositifs de mise en application. Toutes ensemble, elles définissent les structures des sociétés et précisément des économies* » (North, 1994, p.360). Par conséquent, les institutions contraignent les agents, mais elles facilitent aussi l'échange dans la mesure où elles réduisent l'incertitude.

Les contraintes informelles sont matérialisées par l'absence de l'État et des règles formelles. Ce sont les règles informelles qui procurent une stabilité dans une société traditionnelle. On peut citer : la coutume, les croyances, les traditions, les totems, les conventions, les codes de conduite, etc. Ces règles sont certes présentes dans une société primitive et lignagère. Mais, elles existent aussi dans les sociétés modernes. Les causes de cette persistance résident en l'élaboration et la modification des règles formelles dans l'économie de marché. Les règles informelles peuvent être observées à travers les habitudes de comportement (dissimulation des informations), les normes de comportements (notamment lors des processus de paiement ou encore lors de la négociation de contrats), les réseaux d'amitié, les pratiques de contournement des règles formelles (économie parallèle), les routines (dans l'entreprise, de vente). À titre d'exemple, dans la zone occupée par les rebelles des Forces nouvelles (CNO), on assiste impunément à l'instauration de taxes illégales. Il en est de même pour les taxes prélevées au niveau des barrages patriotiques dans le « Sud », c'est-à-dire la zone gouvernementale. Sur toute l'étendue du territoire ivoirien s'instaure une économie parallèle (Dago, 2012, pp. 180-181) pendant la période de conflit.

La distinction entre les règles informelles et les règles formelles réside dans le fait que les premières ne sont pas écrites, alors que les secondes le sont. On peut aussi dire que les règles formelles sont conçues de manière consciente et articulée. Elles ont pour but de compléter (avec plus de précisions), renforcer et modifier ainsi que de remplacer les règles informelles. Selon North (1990), les règles formelles comprennent les règles politiques (et juridiques), les règles économiques et les contrats. Les premières concernent la constitution, les arrêtés et les décrets, etc. Elles définissent le fonctionnement du système politique et juridique. Les secondes incluent les droits de propriété. C'est la possession de l'ensemble des droits d'usage, de destruction et de jouissance (en termes d'utilité ou de revenu) et de destruction d'une ressource économique ou d'un bien[1]. Les troisièmes sont les contrats. Il s'agit d'accords librement consentis entre les contractants. Les contrats peuvent être incomplets lorsqu'ils ne spécifient pas toutes les contingences possibles. Ceci rend nécessaire l'existence d'une organisation capable de les faire appliquer. Plus généralement, la partie chargée de veiller sur la mise en application des règles formelles suppose le développement d'un État ayant une force coercitive capable de faire respecter les droits de propriété et les contrats signés.

[1] Furubotn et Pejovich (1972) donnent au concept de droit de propriété un sens qu'on peut résumer par les catégories du droit romain « *usus* » (le droit d'usage de l'actif), « *fructus* » (le droit de s'approprier les gains de cet actif, soit le revenu résiduel) et « *abusus* » (le droit de modifier la forme ou la substance de cet actif, voire le détruire). Ce que nous appelons « droit de propriété » est en fait la détention de ces trois droits.

Les dispositifs de mise en application sont les moyens permettant l'application des nouvelles règles. Le bon fonctionnement de ces règles formelles (droit de propriété, contrats, etc.) suppose l'existence d'une police, de tribunaux, de chambres de commerce ainsi que d'un système judiciaire indépendant de l'Etat pour les faire respecter. Il y a ainsi une grande différence dans l'application des contrats entre les pays développés et ceux en développement. Dans les premiers, il y a une indépendance des organisations judiciaires, des juges, des avocats, des arbitres et des médiateurs, etc. À l'inverse, les mesures de mise en application dans les seconds sont incertaines, du fait des ambiguïtés de la loi et du non-respect des décisions de justice. C'est le cas en Côte d'Ivoire où nos observations de la vie économique du pays nous ont permis de prendre conscience de ce phénomène.

North distingue les organisations des institutions. D'ailleurs, c'est selon lui *« l'interaction entre les institutions et les organisations qui façonne l'évolution institutionnelle »* North (1994, p.361). Puisque les institutions sont les « règles du jeu » alors les « organisations et leurs entrepreneurs sont les joueurs » (*ibidem, p.361*). Plus précisément, les organisations sont des *« groupes d'individus liés entre eux par un but commun pour atteindre certains objectifs »* North (1990, p.5 et 1994, p.361). Elles constituent les agents du changement institutionnel. Les organisations peuvent être politiques (partis politiques, sénat, assemblée nationale, etc.), économiques (firmes, syndicats, coopératives, etc.), sociales (associations, clubs, églises, etc.) et éducatives (écoles, universités, etc.). Enfin, la distinction entre les organisations et les institutions est intéressante d'un point de vue conceptuel, mais la frontière entre les deux n'est pas hermétique. Les organisations (telles que l'État, la famille, la firme) sont également des institutions, mais toutes les institutions (comme la monnaie par exemple) ne sont pas des organisations.

North (1981, 1990) retient deux sources du changement institutionnel : les changements des prix relatifs et de l'idéologie. D'une part, les prix relatifs renvoient à l'économie, à savoir au ratio des prix des facteurs (ratio terre-travail, travail-terre, capital-travail), au coût de l'information et de la technologie (l'importance de la technologie militaire), etc. Elle signifie que l'économie décide des institutions. Autrement dit, le changement des institutions est conditionné par l'économie. Cela n'est pas le cas pour la Côte d'Ivoire, car les institutions décident du prix relatif qui détermine l'économie. D'autre part, le changement d'idéologie se traduit par le changement incrémental ou d'opinion. C'est la représentation mentale des choses. Nous infirmons le postulat de North sur la neutralité des conflits sociaux sur le changement institutionnel et montrons leur importance dans ce processus (Vahabi 2006, 2009b). Même si nous sommes d'accord avec North pour dire que le changement de la pensée est primordial dans l'évolution des institutions, il demeure insuffisant dans le cas ivoirien. Dans cet ouvrage, la prise en compte des conflits sociaux (caractérisés par la violence) est nécessaire pour appréhender le cas du changement institutionnel en Côte d'Ivoire. À titre d'exemple, on peut citer l'*ivoirité* introduite dans ce pays en 1995. Ce concept a apporté un changement corrélatif au niveau de la (non-)violence dans le paysage politique, économique et social. Il a été l'une des causes principales de la guerre civile et des conflits sociaux en Côte d'Ivoire (Dago, 2012, chapitre 5). On a pu observer que dans ce pays depuis le 19 septembre 2002, il y a eu un changement des règles par la violence des armes (guerre civile) avec sa scission en deux : le Nord est dirigé par la rébellion armée des Forces nouvelles, tandis que le Sud se trouve sous la direction de l'État légal. Cette scission a pris fin en avril 2011 avec la fin de la crise postélectorale.

Enfin, terminons cette section par l'analyse des termes changement économique. Selon North (2005, p. 110), le changement économique « *consiste en une modification du bien-être matériel et physique des humains, au sens large, c'est-à-dire en y incluant les changements quantifiables dans le revenu personnel et national et dans les dimensions matérielles du bien-être humain, mais aussi dans les aspects importants du bien-être, quoique moins précisément mesurés, qui passent par l'activité économique hors marché* ». Malgré cette vision un peu trop centrée sur le bien-être matériel, l'auteur explique que la compréhension du changement économique n'implique pas seulement la dimension économique. Il intègre la démographie (quantité et qualité des ressources humaines), le stock des connaissances, et le cadre institutionnel (North, 2005, p. 19). Le changement institutionnel est un facteur important du changement économique. Ce dernier est défini par North (1997, p. 23) en tant que « *a ubiquitous, ongoing, incremental process that is a consequence of the choices individuals and entrepreneurs of organisations are making every day* (un processus incrémental omniprésent et continu qui est une conséquence des choix des individus et des entrepreneurs ainsi que des organisations faits tous les jours) ». C'est aussi un processus continu et graduel provoqué par « *l'intentionnalité des acteurs* » (North, 2005). Pour comprendre le changement institutionnel, il faut d'abord comprendre pourquoi les institutions existent et quelle est leur fonction dans la société. Ce qui sera illustré dans notre ouvrage sur la Côte d'Ivoire.

1.2. La période précoloniale (avant 1843) : fonctionnement de la société lignagère et échanges commerciaux

La société primitive ivoirienne est basée sur l'agriculture de subsistance ayant trois structures sociales (monarchie, classes d'âges et lignage) fondées sur les stricts principes du lignage (Kipré, 2005, pp. 55-69).

Ces trois types d'organisation sociale échangent en leur sein comme entre elles, mais dans tous les cas sur le mode de la *réciprocité.* Celle-ci a trois caractéristiques fondamentales au niveau de son mode de production (Terray, 1969). D'abord, l'organisation du travail s'inscrit sur la base collective de la famille, du clan et du village. La terre est le moyen essentiel du travail, dont la propriété collective est celle du clan ; libre d'usage à tous les membres, mais selon des règles précises (utilisation de parcelles distribuées aux familles). Ensuite, Il y a une absence d'échanges marchands et de surplus. Enfin, la distribution du bien au sein de la collectivité se fait à travers des liens de parenté.

La population, vivant en autarcie, se livrait à la chasse, la pêche, la cueillette et à l'agriculture dans une économie de subsistance. L'économie est caractérisée par la subsistance agricole (subvenir uniquement aux besoins alimentaires, avec des champs de riz, bananes plantains, maniocs, mil, sorghos, ignames, etc.), l'indigence des moyens matériels mis en œuvre (outillages : coutelas devenus machettes, daba, haches, etc.), la faiblesse de l'accumulation (pas de surplus) et la généralisation de la propriété collective des terres. En d'autres termes, le droit de propriété collective dans la formation agraire revêt la superposition de trois éléments (Achiepo, 1981, pp.157-

158) : droits du chef de la terre[1]; droits d'usage collectif au niveau de la famille et droits d'usage individualisés.

Quant aux échanges, pour ceux qui ne prennent pas la forme de troc dans la société lignagère ivoirienne, ils se font grâce à des monnaies spécifiques telles que l'*or, la manille, le sompè*[2]*, les cauris et la monnaie anglaise* (Yayat d'Alépé, 1979, pp.504-506).

À partir du 9e siècle, on assiste à l'ouverture progressive de cette société vers l'extérieur. Le désenclavement de la Côte d'Ivoire vis-à-vis du monde extérieur s'inscrit dans la même logique que celle de la côte occidentale de l'Afrique noire. Les influences soudanaise et européenne sont deux courants d'échanges qui ont caractérisé l'ouverture de ce territoire sur l'extérieur (Rougerie, 1982, pp.76-77).

D'une part, nous avons les échanges entre les 9e et 14e siècles entre l'Afrique noire et l'Afrique du Nord. C'est à partir du 15e siècle que la future Côte d'Ivoire trouve sa place dans les circuits commerciaux transsahariens. En provenance de l'Afrique du Nord, s'échangeaient sous forme de troc des barres de sel saharien, des tissus, des parfums, des cauris, des dattes…, contre de l'or, du cuivre, de l'ivoire, des kolas, des épices et des esclaves, etc.

---

[1] C'est le chef du lignage (village ou roi), il garde la gestion des ressources des terres vierges, lorsqu'il en existe, et peut seul, en principe, donner l'autorisation de s'installer à qui le demande.

[2] Les Gouro l'appellent aussi *bro* et se présentent sous la forme standard d'une tige de fer concave de 24 centimètres de long terminée à extrémité par une sorte de spatule et à l'autre par deux ailettes aplaties de dimensions inégales (Meillassoux, 1999, p.268). En d'autres termes, le *sompè* figurait une pioche (*so* : percer, *pe* : fer).

D'autre part, au 15e siècle, on assiste à l'arrivée sur la côte et par la mer des navigateurs portugais[1], puis des Français et des Anglais sur la façade du bloc ouest-africain (et aussi sur la côte de la future Côte d'Ivoire). Ce deuxième type d'échanges va aboutir plus tard à la première manifestation de l'investissement étranger en Côte d'Ivoire (en 1843). Puisque les marchandises échangées restent les mêmes que dans les premiers courants (les Européens proposent seulement ici, en plus, de l'alcool et des armes), le cadre des échanges est désormais le navire, amarré au large des côtes à bord duquel s'effectuent les opérations de troc.

1.3. La conquête coloniale (1843-1920) : genèse de l'IDE et décomposition de la société lignagère

Notre analyse de cette deuxième section sera consacrée à la période de transition de la société lignagère ivoirienne, à savoir le passage de la *réciprocité* au *marché* régulé par le prix. Elle portera sur la naissance jusqu'à l'adoption de l'IDE sous les formes commerciale et agricole par la population locale et sur les conséquences sur celle-ci, notamment sur les modes de vie.

Les traités (1842 et 1843) renferment des clauses politiques et commerciales à savoir la souveraineté pleine et entière de la France, la possibilité d'acquérir des terrains en toute propriété pour l'établissement de postes ou des maisons de commerce. Certains dispositifs, d'entre eux stipulent, en outre l'interdiction de commercer avec des non-Français et de nouer des relations avec d'autres

[1] Des villes comme Sassandra (Santo-Andréa), Fresco (rio Fresco), San-Pédro, Grand-Lahou (rios de Laguos) témoignent du passage des Portugais dans la région.

puissances (Rougerie, 1982, p.80). Au niveau politique, les droits coutumiers de souveraineté sont reconnus et la France s'engage à verser une *« coutume »* en nature au début, en numéraire, ensuite. Ces traités établissent les bases de la libre concurrence, et favorisent la multiplication des factoreries.

Si les premiers investissements étrangers dignes d'intérêt s'étaient implantés avant la fin de la conquête militaire (1920[2]) sous forme d'établissements commerciaux (factoreries et maisons de commerce), il ne faut pas oublier que la chose était également possible dans le secteur primaire notamment dans le domaine des cultures, aux abords immédiats des comptoirs (Kipré, 1985, tome 1, pp.84-85). Les investissements dans le secteur primaire semblent donc avoir accompagné, sinon même, précédé les premiers investissements commerciaux.

Nous allons analyser le cas du négociant Arthur Verdier comme une meilleure illustration. Lorsque Verdier arrive en 1858, Régis, le négociant marseillais qui installa les premières factoreries (à Assinie et à Bassam), les abandonne. Puis après avoir tenté de s'installer successivement à Tabou, Béréby, Drewin et Sassandra sur la côte ouest, Verdier se fixe à Grand-Bassam. Il devient d'abord commerçant en fondant la Compagnie de Kong, puis crée à Elima (région d'Aboisso), par delà le littoral,

---

[2] La conquête militaire fut de 1908 à 1920 préconisée par le Gouverneur général Angoulvant pour la pacification de la colonie.
Elle consiste en l'acceptation des principes économiques, politiques et idéologiques de la colonisation par la population locale. Cette acceptation n'a pas été facile, car il y a eu des révoltes et des résistances des Africains à l'impérialisme colonial (Coquery-Vidrovitch, 1999, pp.161-187, Coquery-Vidrovitch et Moniot, 2005, pp.112-114).

en terre Agni, la célèbre plantation d'Elima qui, naturellement avait pour vocation, d'alimenter ses magasins en produits exportables. Mais Verdier allait jouer dans la mise en valeur du pays un rôle beaucoup plus important à deux niveaux.

En effet, Verdier introduit les premiers plants de café à Elima en 1880. C'est ainsi qu'il inaugure l'exploitation forestière en Côte d'Ivoire. Ce qui lui permet d'exporter, en 1885, la première bille de bois d'acajou à partir d'Elima. D'autre part, son installation à l'intérieur des terres montra la voie à suivre aux autres opérateurs européens, donnant ainsi une signification nouvelle à la future Côte d'Ivoire qui, désormais, ne se limitait plus à sa façade maritime. Enfin, si nous savons que la première école d'agriculture du pays fonctionna dans les locaux de la vieille maison Verdier, nous pouvons admettre les conclusions de Rougerie (1982, p.81) concernant Elima : *"(...), mais ce (Elima) fut le creuset où s'étudia et s'amorça une mise en exploitation rationnelle des possibilités offertes par le pays. Pour la Côte d'Ivoire, c'est à Elima que se fit le passage de l'économie de cueillette, jusqu'ici seule pratiquée aussi bien par les Compagnies que les Autochtones, à une économie de mise en valeur et d'investissement, sinon de richesses monétaires, du moins de richesses agronomiques"*.

C'est dire que le rôle d'Elima (comme celui d'autres réalisations européennes) a été central dans la mutation que subit l'économie de la Côte d'Ivoire, juste à la veille du moment où celle-ci est érigée en colonie autonome. Cette action aura surtout valeur d'exemple[1]. En effet toutes

---

[1] Verdier joua aussi un rôle politique important dans la pacification de la future colonie (Rougerie, 1982, p.82). En effet dès 1883, devenu Résident général de la France, il est associé dans une très large

les opérations nouvellement initiées à Elima, comme dans d'autres plantations européennes allaient donner lieu dans la période suivante à des développements considérables, faisant de la colonie de Côte d'Ivoire l'un des tout premiers producteurs mondiaux de café, de cacao et de bois.

La période de conquête coloniale est caractérisée par la présence de l'IDE et montre le passage de la *réciprocité* à *l'échange marchand*, dont *l'intégration par la coercition.* Elle se manifeste par la colonisation agricole, qui consiste à imposer à la population locale les cultures d'exportation ; la colonisation commerciale (apprendre le métier de commerçant) ; l'expropriation des indigènes de leurs terres par l'instauration des droits de propriété privée en matière foncière. Cette marchandisation de la terre s'est aussi faite au niveau du travail.

Après 1920, comment la présence des investissements directs étrangers va-t-elle transformer le passage de la *réciprocité* à *l'échange marchand* ?

1.4. La période coloniale (1920-1960) : présence de l'IDE et évolution des formes institutionnelles

La période coloniale proprement dite débute officiellement, en 1893, même si elle ne prend son véritable « *cachet* » qu'après 1920, qui marque l'extrême fin de la conquête coloniale. Lorsque nous faisons une analyse plus fine, il en ressort que, né avant 1843, l'IDE ne bénéficiera à aucun moment au cours de cette période de conditions de production favorables à son

mesure, à la délimitation des frontières entre la zone anglaise et la zone française. Pour les régions de l'intérieur, vers le Soudan français, c'est encore un de ses associés, Treich-Laplène, qui se chargera de négocier avec les chefs indigènes.

épanouissement. Malgré cela, il a permis le passage de la *réciprocité* à *l'échange marchand* par l'instauration des maisons de commerce, de l'économie de plantation et la monétisation de la société traditionnelle ivoirienne, etc.

Le passage de *la réciprocité* à *l'échange marchand* s'explique par une évolution simultanée des factoreries et des maisons de commerce, de l'économie de plantation (café, cacao, etc.) et la monétisation de la société lignagère avant l'indépendance (voir figure 1). Cette transition se caractérise ainsi par *l'intégration par la coercitive.* Le groupe social traditionnel (famille, clan,…) ne se contente plus de champs pour sa propre consommation, mais entreprendra des plantations de café, cacao, ananas et bananes, etc. pour vendre ses produits aux maisons de commerce en vue de faire du profit. En effet, l'agriculture commerciale a été possible grâce à la présence des maisons de commerce, à la salarisation de la population locale, aux droits de propriété privée foncière et à la monnaie moderne française.

Figure 1 : IDE et évolution des formes institutionnelles

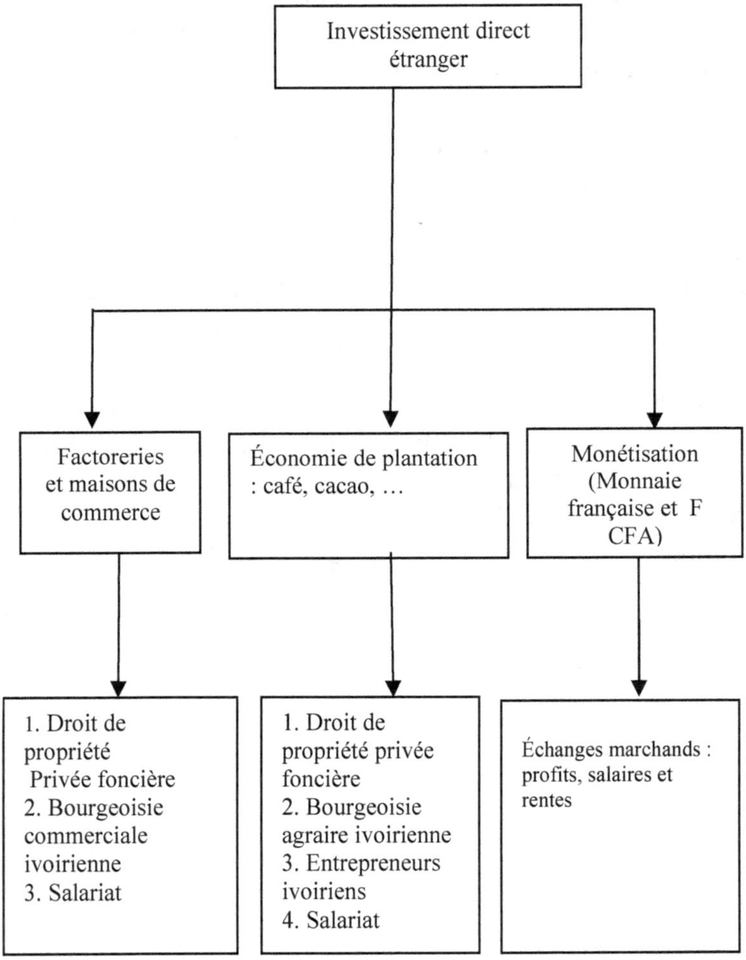

Source : Dago, 2012, p. 71

Commentaires : IDE : Factoreries et maisons de commerce, Économie de plantation et la monnaie moderne (voir la conclusion de ce chapitre).

Conclusion

La réflexion sur la trajectoire historique de l'IDE et du changement institutionnel en Côte d'Ivoire nous permet d'affirmer qu'il y a eu une transformation des règles informelles de la société lignagère en règle formelles. Nos propos s'illustrent de la manière suivante.

D'abord, l'organisation sociale de la société primitive ivoirienne fut caractérisée par la monarchie, les classes d'âges et le lignage strict ou le chef dirige selon la coutume. Cette société lignagère fut dominée par *l'intégration par la réciprocité* durant la période précoloniale. Après le 10 mars 1893, durant les périodes de la conquête coloniale et coloniale, la Côte d'Ivoire devient colonie française, et ce territoire est soumis à l'autorité de l'État colonial et non plus du chef de famille ni du clan. Par conséquent, l'IDE a désintégré la *réciprocité* par la destruction des autorités villageoises via le pouvoir colonial et ce dernier n'est pas remplacé par l'État central. Cela conduit donc au passage de la *réciprocité* à *l'intégration par l'échange marchand* dominé par *l'intégration par la coercition* pendant la période transitoire de la conquête coloniale.

Le changement institutionnel se traduit par la transformation de l'économie lignagère de subsistance en une économie de profit, précisément de l'agriculture de subsistance à une agriculture d'exportation. L'IDE prenait au départ la forme de factoreries et de maisons de commerce ainsi que de plantations de café, cacao, etc. L'instauration par des lois du droit de propriété privée foncière et la réglementation du marché du travail par l'administration coloniale favorisent le relâchement des liens de parenté. On assiste à un changement du mode de production traditionnelle. C'est donc la marchandisation des facteurs de production (terre, main d'œuvre) dominée par *l'intégration par la coercition.* Ce type d'intégration consiste à imposer la monnaie moderne et le travail individuel marchand. Le travail de la terre n'est plus collectif, mais individuel, avec un salaire par travailleur, et la terre devient un bien ayant une valeur marchande. Au contact avec les milieux d'affaires des colons, le profit devient la préoccupation majeure de la population locale. La classe de la bourgeoisie ivoirienne de négoce et agraire se développe. La bourgeoisie agraire est en l'occurrence celle des planteurs de café et de cacao, qui embauche des travailleurs africains, finance des constructions urbaines. Ces différents projets d'investissement lui confèrent le statut d'entrepreneur. En effet, les échanges marchands ont été rendus possibles grâce à l'instauration de la monnaie française, remplacée en 1945 par le Franc des Colonies Françaises Africaines (F.CFA). En ce qui concerne la performance de l'IDE, dominé par sa forte présence dans le secteur commercial par rapport aux secteurs primaire et secondaire, elle est médiocre en raison des conditions de production défavorables avant l'indépendance.

Chapitre 2
BILAN SECTORIEL DE L'ÉCONOMIE

Introduction

Suivant l'ordre d'implantation de l'IDE, le secteur tertiaire fut le premier à accueillir l'investissement étranger, à travers les fameuses factoreries construites à partir de 1843 par les Français en Côte d'Ivoire. Elles étaient destinées à faciliter les activités de distribution et de négoce qui naguère se déroulaient à bord des navires amarrés au large. Le secteur primaire sera le second dans lequel s'investissent les capitaux étrangers, d'abord avec l'exploitation forestière, puis plus tard avec les cultures d'exportation tels le café, le cacao, le palmier à huile, etc. Enfin, il faudra attendre l'extrême fin de la conquête militaire, en 1920, pour voir s'installer les premières industries de la colonie.

Notre réflexion, qui ne respectera pas l'ordre des événements susmentionnés, examinera successivement le secteur primaire (section 2.1), le secteur secondaire (2.2) et le secteur tertiaire (2.3). Dans chacune des trois sections de ce chapitre, nous allons montrer le degré des investissements européens (voire français) dans l'économie ivoirienne.

2.1. Les intérêts des capitaux européens et africains dans le secteur primaire

Après l'installation des factoreries, il faudra attendre près de 40 ans, c'est-à-dire 1881, pour voir les premiers investissements étrangers s'opérer dans le secteur primaire ; les activités de négoce liées à la commercialisation des produits de la cueillette (caoutchouc, acajou, huile et amandes de palme) représentant l'essentiel des activités des opérateurs européens. Ces produits fournissaient encore en 1918 près de 90% de la valeur des exportations de la Côte d'Ivoire (Domergue-Cloarec, 1974, p.506). Ainsi, les vingt dernières années du 19e siècle seront marquées par l'intérêt des opérateurs du centre pour les activités de production dans le secteur primaire.

La première plantation de café digne de ce nom fut créée en 1881 par Verdier. Située à Elima sur les bords de la lagune Aby dans la région d'Aboisso, cette plantation devait par la suite servir de référence aussi bien aux Africains qu'aux Européens pour la culture du café. Sa réputation s'étend d'ailleurs jusqu'à la métropole où elle fonde la renommée de la colonie. Enfin, elle devait contribuer de manière importante à l'afflux massif de colons européens en Côte d'Ivoire à partir de 1925.

Introduit à peu près à la même période que le café, le cacao, comme ce dernier, intéressera d'abord les planteurs européens, avant d'être imposé vers 1908 par le gouverneur Angoulvant aux planteurs africains qui contrôleront très vite la production. À l'inverse, les planteurs français garderont longtemps le quasi-monopole de la culture de la banane (douce) introduite vers 1930 et particulièrement encouragée (tout comme celle du café et du cacao) par le gouverneur Reste qui veut mettre la Côte d'Ivoire au premier plan des fournisseurs de la métropole. Cette culture fut la *« culture européenne »* par excellence avant 1960.

Comme la banane, l'ananas, introduit avant la Seconde Guerre mondiale, commence à prendre de l'importance vers 1950, à un moment où la banane enregistre l'une de ses premières crises en raison de la baisse des cours consécutive à la saturation du marché français. Dans un premier temps, l'ananas sera d'ailleurs cultivé dans plusieurs plantations européennes comme la banane. Du fait de son caractère délicat, il restera longtemps, comme la banane, une culture française.

Dans le cadre de la satisfaction des besoins de la métropole en caoutchouc et en oléagineux, mais aussi dans une optique de diversification de l'économie ivoirienne trop soumise aux aléas des cours du café et du cacao, d'autres cultures dites « de diversification » vont être développées toujours par les planteurs français : ce sont le palmier à huile, le cocotier, l'hévéa, etc. Mais en 1930, il ne s'agit plus de se limiter, comme au début de la colonisation, à l'exploitation des vergers naturels (du reste épuisés par la surexploitation), mais d'en faire désormais l'objet de culture à part entière. Concomitamment, les planteurs du centre s'adonnent également à la culture des vivriers (riz, banane plantain, maïs, etc.) dont ces produits ont un débouché intérieur croissant avec les villes qui se constituent. De même, le coton, le sisal et le kapok dans le Nord du pays, la kola dans le Sud, les agrumes et les plantes à fleurs mobilisent des capitaux français. Mais contrairement aux produits qui font l'objet d'une demande extérieure (café, cacao, banane, ananas, etc.), il est pratiquement impossible de saisir les données chiffrées concernant leur production du fait de l'autoconsommation dont elle est l'objet, mais aussi de la faiblesse des quantités, pour beaucoup d'entre elles (Amin, 1967, p.57). Pour plus de détails statistiques sur la catégorie des produits destinés aux marchés extérieurs tels que : le café, le cacao, les cultures délicates (banane, ananas), culture dite de diversification (palmier à huile, coton et hévéa), voire Dago (2012, pp. 87-104).

2.2. Les balbutiements de l'industrie au cours de la période coloniale

Les faits majeurs explicatifs de la réalisation d'un tissu industriel en Côte d'Ivoire, voire dans les colonies d'Afrique noire francophone, se résument en la loi Sarraut. C'est au cours de l'année 1921 que nous observons la première manifestation sérieuse de la volonté des autorités métropolitaines de développer un tissu industriel dans les colonies d'Afrique noire, avec le projet de la loi Sarraut, du nom du ministre des colonies de l'époque (Sarraut, 1923). Ce document propose pour la première fois le développement d'une vie économique dans les territoires français d'Afrique. Avant 1921, la métropole se contentait d'insister sur la nécessité pour les colonies de fournir les produits primaires dont elle avait besoin : arachide, caoutchouc, etc. Mais le projet Sarraut est rejeté par la Chambre des représentants et il faudra attendre quinze ans pour que la question de l'industrialisation des colonies réapparaisse dans les débats publics en France et ce, à l'occasion de la Conférence économique des colonies d'Afrique noire tenue en 1935. Pour lancer l'industrialisation dans ces colonies, cette conférence propose, outre quelques mesures d'équipement public en infrastructures, une série d'aides au secteur privé comme l'exonération des impôts sur l'outillage et sur les bénéfices pendant les premières années de vie des entreprises, des projets de concessions pour la création d'entreprises nouvelles, des crédits à moyen terme, etc. Mais comme la loi Sarraut, ces propositions ne sont suivies d'aucun effet, en raison de l'attitude défavorable des autorités de la métropole soumises aux pressions des divers groupes d'opinion : députés, presse, … Si bien qu'il faut attendre l'après-guerre, précisément l'année 1946, pour voir l'industrie coloniale sortir enfin de ce manque cruel de capitaux. Cette situation de *« parent pauvre »* en investissements européens, qui était celle de l'industrie, peut d'ailleurs s'illustrer facilement à travers quelques chiffres.

Dans son étude sur l'économie ivoirienne de 1893 à 1912, Yayat d'Alépé (1979, p.473) relève que moins de 15% des importations d'équipements sont destinés à l'industrie et aux autres secteurs tels que l'agriculture, les sources d'énergie, les matières premières, etc. De ce fait, selon l'auteur, les investissements commerciaux représentent une part de 75% des investissements totaux sur la même période.

En 1921, à l'occasion du projet de la loi Sarraut, on estimait que sur un total de 128 entreprises recensées en 1919 en Afrique Occidentale Française, 34 seulement concernaient l'industrie (soit 27%), contre 79 pour le commerce (59%) et 19 pour les activités agricoles et forestières (14%) (N'Gango, 1973, tableau III, p.79). Cette faiblesse de l'industrie était encore plus marquée pour les capitaux. En effet, le même auteur (*op.cit., tableau IX, p.91*) met en exergue une autre étude menée en 1943 par le gouvernement de Vichy dans les territoires français d'Afrique noire, en révélant que seulement 20% des capitaux investis allaient au secteur secondaire (industrie et artisanat) contre 50% au secteur tertiaire (dont 40% pour le commerce) et 30% au secteur primaire. Tous ces chiffres témoignent de l'indigence du secteur industriel, d'où Yayat d'Alépé (1979, p.372) affirme qu'il paraît prétentieux de parler d'industrie ivoirienne avant 1946, tout au plus nous pouvons évoquer la simple mécanisation des procédés de fabrication et d'extraction, surtout avant 1912. En effet, il faut rappeler l'importance de l'année 1912 puisqu'elle marque la première transformation locale des matières premières et la création de la première huilerie de la colonie. En dépit de la modicité des capitaux dans l'industrie, ce secteur reste longtemps le domaine réservé de quelques colons.

2.3. La prépondérance des investissements marchands dans le secteur tertiaire

Les premières manifestations de l'IDE en Côte d'Ivoire apparurent en 1843, à travers les factoreries et les maisons de commerce. Le secteur du commerce accueille les premiers investissements français, puis les premières tentatives d'implantations coloniales dans le secteur agricole notamment celui des plantations industrielles, et enfin l'industrie fera son apparition après la Première Guerre mondiale. De fait, les capitaux commerciaux occupent dès le départ une place primordiale dans toute l'économie ivoirienne et plus encore dans l'ensemble des capitaux français du secteur tertiaire.

Les factoreries, nom que portent les nouveaux comptoirs commerciaux ainsi ouverts, appartiennent pour la plupart à des « *maisons commerciales* » généralement françaises ou anglaises. Nous devrions signifier que les maisons de commerce sont des propriétés familiales durant la période 1843-1910. Or, à partir de 1890, suite aux progrès de pacification de la colonie, certaines de ces « maisons » ajoutant une autre dimension à leurs activités traditionnelles se lancent dans l'exploitation forestière, mais aussi, accessoirement, dans l'agriculture de plantations (café, cacao, etc.). Pour cela, il leur faut des « concessions », c'est-à-dire des portions de territoire à exploiter. Mais ces « concessions » sont onéreuses et pour réunir les capitaux nécessaires, ces « maisons » vont se transformer en sociétés anonymes. Ce mouvement de transformations connaît une accélération après 1910. Cependant, il faudra considérer qu'à la fin de la Première

Guerre mondiale, l'essentiel des mutations est accompli. Les conséquences de ces changements sont importantes, car ces derniers provoquent d'une part l'élimination des « canards boiteux » et d'autre part, le renforcement des autres opérateurs. Ce qui aboutit à un regroupement (une concentration) progressif des opérateurs dans le secteur commercial. Hormis le secteur commercial, nous remarquons la présence des capitaux étrangers dans les services traditionnels autres que le commerce (transports, etc.).

Conclusion

Le bilan sectoriel de l'économie ivoirienne avant l'indépendance de la Côte d'Ivoire est marqué par la forte présence des capitaux étrangers dans le secteur tertiaire, précisément le commerce et le négoce, au détriment des secteurs primaire et secondaire (Dago, 2012, p. 115).

D'abord dans le secteur primaire, la production de café et de cacao, qui a été initiée par les Français au 19e siècle, a été délaissée quelques décennies plus tard au profit des paysans ivoiriens, en raison d'une moindre rentabilité. Les cultures de bananes et d'ananas demeurent sous la domination européenne, malgré l'intérêt des paysans africains, ainsi que celle de l'exploitation forestière. Quant aux cultures de diversification (palmiers à huile, hévéaculture et cocotiers), la présence des capitaux français s'est faite en association avec ceux des Ivoiriens. Ensuite, le secteur secondaire est caractérisé par la faiblesse des capitaux français et l'industrie est longtemps restée sous la domination de quelques colons européens dans certaines activités telles que la mécanisation de la production et la transformation des matières premières au niveau local. Enfin, avant l'indépendance, le secteur tertiaire fut dominé par le commerce avec une majorité d'entreprises appartenant à des hommes d'affaires français. On relève aussi l'existence d'autres formes de services traditionnels tels que le transport, la banque et les hôtels, toujours dominés par les Français.

Conclusion de la première partie

L'analyse de l'évolution de l'économie ivoirienne suite à l'avènement de l'IDE (en 1843) sous forme de factoreries, maisons de commerce, l'économie de plantation (café et cacao), etc. dans la société lignagère ivoirienne nous permet de tirer plusieurs enseignements.

Il s'agit de l'application de nouvelles règles formelles en remplacement de celles existantes, à savoir les règles informelles. On assiste à l'introduction de *l'intégration par l'échange marchand* qui se substitue à la *réciprocité* dans laquelle la famille vivait en autarcie selon la coutume, les totems et le code de conduite, etc. Le marché se traduit par une économie de profit (en transformant l'économie de subsistance lignagère) avec une agriculture de rente. Le système de prix va de pair avec l'instauration des droits de propriété privée. On assiste alors à la marchandisation de la terre et de la main-d'œuvre (rémunération du travail) ainsi qu'à l'introduction de la monnaie moderne. Les échanges marchands ont été possibles grâce à la monnaie française (le Franc français) et ensuite le Franc CFA. Cette nouvelle situation a été favorisée par l'administration coloniale française. Par ailleurs, le passage de *l'intégration par la réciprocité* à *l'échange marchand* est marqué par la *coercition.*

Durant la période précédant l'indépendance, le niveau de l'IDE était très médiocre dans cette colonie française, à cause des conditions de production défavorables. Les capitaux étrangers étaient présents par ordre d'importance dans le secteur tertiaire, secondaire et primaire. Ainsi, les capitaux européens et français dominent ceux des

Africains (Ivoiriens) dans tous les secteurs sauf le secteur primaire, précisément la culture du café et du cacao.

Partie 2
ÉVOLUTION DE L'ÉCONOMIE IVOIRIENNE APRÈS L'INDÉPENDANCE (1960)

Introduction de la Deuxième Partie

Après l'indépendance de la Côte d'Ivoire, la transformation de l'économie s'est opérée sous l'impulsion de l'État. Il instaure de nouvelles règles formelles au niveau économique qui influence l'évolution de l'économie ivoirienne. Ainsi, cette partie montrera l'évolution de l'économie ivoirienne et son intégration dans le tissu social de ce pays.

Pour ce faire, le chapitre 3 va consister à analyser l'évolution de la situation économique de la Côte d'Ivoire depuis 1960. Tandis que le chapitre 4 montrera les causes du conflit ivoirien et la présence d'une *intégration par la coercition* dans ce pays.

Chapitre 3
DE LA PROSPÉRITÉ ÉCONOMIQUE A LA CRISE POLITIQUE

Introduction

Après l'indépendance, la politique économique de l'État ivoirien se résume en deux phases. Dans la première phase (1960-1980), l'État agit en tant qu'agent économique par la création d'entreprises publiques. Dans la seconde phase (à partir de 1980), l'État, au contraire, se désengage des entreprises publiques pour cause de récession économique, etc. Ce désengagement est qualifié de privatisation.

Cette politique économique est influencée par la décennie de conflit dans ce pays. D'où, l'évolution de l'économie après 1960 se résume en cinq phases (Dago., Ilyesse, 2010, pp. 149-152 et Dago, 2012, pp. 158-161).

3.1. De 1960 à 1980 : Croissance économique, le « miracle » ivoirien

Les « vingt glorieuses » (Hugon, 2003, p.105) après l'indépendance étaient qualifiées de « miracle ivoirien », on a enregistré un fort taux de croissance annuel du PIB, de l'ordre de 7%. Ce dernier est passé de 130 milliards de F CFA en 1960 à 1.900 milliards en 1979 (David, 2000, p.64). Cette prospérité ininterrompue et soutenue de la Côte d'Ivoire durant deux décennies a permis à ce pays de mener une politique économique et sociale particulière.

Entre 1967 et 1970, avec le premier plan économique, le gouvernement ivoirien a expérimenté une stratégie d'industrialisation basée sur la substitution des importations. Il s'agissait de les limiter en leur substituant des produits fabriqués localement et donc gagner en indépendance. Mais du fait notamment des capacités d'absorptions limitées du marché intérieur, cette stratégie fut un échec. En outre, comme les importations de biens d'équipement et de biens intermédiaires ont augmenté sur la période, le niveau global des importations n'a finalement pas véritablement baissé. Elles ont seulement changé de nature (Attébi, 1995, p. 43).

C'est pour trouver une solution à ces problèmes que la Côte d'Ivoire va adopter une stratégie de croissance de type *exported-led growth* (deuxième plan économique), c'est-à-dire que les marchés extérieurs vont être privilégiés comme débouchés des produits nationaux (en particulier les cultures de rente : café, cacao).

Cette embellie économique a été soutenue par la hausse des cours des matières premières agricoles sur le marché mondial (la Côte d'Ivoire devient, en 1978, le premier producteur mondial du cacao devant le Ghana). La valeur ajoutée de la production agricole en Côte d'Ivoire est passée de 69,4 milliards F CFA en 1960 à 1.028 milliards de F CFA en 1985. De même, la valeur des exportations agricoles est passée de 39,3 à 294,4 milliards de F CFA en vingt-cinq ans (*op.cit., p.67*). Durant ce « miracle » ivoirien, les politiques de l'État étaient libérales, d'ouverture sur l'extérieur avec les capitaux étrangers, mais l'État jouait un rôle important en tant qu'investisseur (État-patron ou État capitaliste) en se substituant au secteur privé par la création des sociétés publiques (ou parapubliques) et en absorbant les diplômés. Cette politique était soutenue par le concept d'ivoirisation[1].

[1] L'idée d'*ivoirisation* n'est pas émise avant 1966 et est axée simultanément sur les capitaux et l'emploi. Elle apparaît dans les

Cette idéologie consiste en l'appropriation de l'administration ivoirienne et du secteur industriel respectivement par les cadres et les capitaux ivoiriens.

Le modèle de croissance était extraverti, c'est-à-dire tourné vers l'extérieur via les exportations des cultures de rentes (café, cacao). À titre d'exemple, l'appel à des facteurs de production étrangers à savoir : la main-d'œuvre immigrée pour travailler dans les plantations et la construction des infrastructures, des cadres expatriés, des capitaux et technologies. L'État profite de cette prospérité économique pour emprunter sur les marchés internationaux. C'est l'époque des grands projets, souvent onéreux et d'une rentabilité douteuse, tels que des complexes sucriers (agro-industriels) qui ont coûté des milliards de F CFA et dont certains ont été fermés quelques années plus tard (Chaléard, 2000, p.49 et Michailof, 2005, p.396). Enfin, l'État a mis l'accent sur la construction d'infrastructures telles que des écoles, des routes, des équipements sociaux, mais également sur la formation du capital humain. Concernant l'éducation, on a par exemple pu noter qu'en 1980, la part du budget de l'État ivoirien consacrée à l'Éducation Nationale était estimée à 40% contre 15,9% en 1960 (Ministère de l'Éducation Nationale, 1977, 1980).

---

textes politico-économiques de Loi-Plan de 1967/70. Tandis que le Plan de 1971/75 prévoit la mise en place des premières mesures, celui de 1981/85 esquisse un premier bilan (De Miras, 1982, pp.196-197). Néanmoins, l'*ivoirisation* du capital privé n'a donné lieu à aucune programmation réelle, comme le souligne l'auteur. Ce dernier mentionne qu'en matière d'*ivoirisation* de l'emploi, il existe des plans d'intégration des nationaux par entreprise (*op.cit., p.198*). Enfin, ce concept devrait être élargi à tous les secteurs de l'économie ivoirienne, tant au niveau de l'emploi que des capitaux.

3.2. Des années 1980 à 1993 : Crise économique et pauvreté (« mirage »)

Ce modèle de développement a connu une crise (qualifiée de *« mirage »*) à la fin des années 1970 et dans les années 1980 jusqu'en 1993, avec pour raison principale la détérioration des termes de l'échange, qui réduisit considérablement les revenus de l'État ivoirien. Malgré la conjoncture internationale et nationale défavorables, l'État continue d'emprunter pour financer sa croissance. On constate que le ratio du service de la dette, qui atteignait une moyenne de 8% pendant la période de 1965-1975, a quadruplé pendant 1980-1985 et est passé à plus de 50% des exportations en 1993 (Hugon, 2003, p.108). En effet, le taux de croissance du PIB était passé de 0,2% en 1981 à -4,4% en 1983, puis -2,8% en 1984 (Banque Mondiale, 2010). De 1990 à 1993, la croissance demeure négative, entre -0,2% et ---

-0,4% (Sindzingre, 2000, p.32). Autrement dit, la crise économique et financière a conduit l'État à mettre en place des réformes économiques et rigoureuses sous l'impulsion du FMI. Ces politiques de stabilisation et d'ajustement structurel (PAS) (pour remédier à la crise) se sont soldées par un échec. La pauvreté a triplé de 1985 à 1993, le taux passant de 10% à 31%, puis à 36,8% en 1995 (Michailof, 2005, p.398).

3.3. De 1994 à 1998 : Reprise de la croissance économique

La reprise économique observée après la dévaluation de janvier 1994 s'est manifestée par des taux de croissance de 7,1% en 1995, 7,7% en 1996 et 5,7% en 1997 (Banque Mondiale, 2010 ; Michailof, 2005, p.398). La reprise de la croissance est la résultante de trois facteurs, à savoir : l'ajustement du taux de change (la dévaluation du franc CFA en janvier 1994) et la hausse des cours des matières premières (cacao, café et du coton) ainsi que des appuis financiers extérieurs. Alors, on assiste à une reprise de l'investissement public et surtout privé (des grands travaux sous forme de BOT-Build operate transfer). De plus, le programme de privatisation a été réalisé avec « peu de transparence » et d'énormes coûts sociaux (Dago, 2012, p. 132).

3.4. De fin 1999 à 2011 : Crises socio-économique et politique

Une inversion de la tendance s'est opérée en 1999 avec le manque de crédibilité de l'État auprès des bailleurs de fonds. Cela se traduit, en 1998, par la suspension du programme de soutien du FMI à la Côte d'Ivoire. Cette suspension du programme a ébranlé la confiance des investisseurs étrangers. De plus, elle a entravé la réalisation du programme d'investissement public qui s'est fortement contracté. Elle a eu pour conséquence un coup d'arrêt de la croissance (tributaire aussi de la baisse des cours des matières premières) : celle-ci s'est réduite à un taux de croissance de 1,6% en 1999 (contre 5,7% en 1997) jusqu'à devenir négative (-1,6%) en 2002 (Banque Mondiale, 2010 ; Michailof, 2005, p.398). Cette récession économique a pour corollaire des tensions sociales. De ce fait, cette crise socioéconomique, interdépendante avec la rupture des compromis sociopolitiques (due à l'idéologie d'*ivoirité*), a conduit à un coup d'État en fin d'année 1999, suivie d'un conflit armé en septembre 2002.

La crise politico-militaire a réduit la croissance économique de la Côte d'Ivoire. À partir de septembre 2002, le taux de croissance annuel du PIB a été négatif jusqu'en 2004, puis a connu un redressement progressif à partir de 2005 jusqu'en 2010, entre 1,5% et 2,4% et via 2,7% en 2007 (BAD/OCDE, 2007, p.245 et Ministère de l'Économie et des Finances, 2012, p.6). Puis, l'étude faite par le *Credit Risk* Internationnal[1] en 2003 pour la zone franc (CFA) sur le risque d'instabilité politique[2] (défini selon les facteurs : homogénéité sociopolitique, stabilité du gouvernement, risques de renversement et de guerre), la Côte d'Ivoire se trouve au risque 2 (risque très élevé), ce qui explique la prise de décision en février 2003 des responsables de la Banque africaine du développement (BAD) de délocaliser le siège d'Abidjan à Tunis (Tunisie).

Enfin, le taux de croissance annuel du PIB devient négatif (-4,7%) en 2011 (Ministère de l'Économie et des Finances, 2012, p.6 et FMI, 2013, p.2) à cause de la crise post-électorale meurtrière de décembre 2010 à avril 2011.

3.5. À partir de 2012 : Reprise de la croissance économique

La reprise économique observée après la crise post-électorale se traduit par des taux de croissance de 8,6% en 2012 et 9,8% en 2014, via 8,9% en 2013 (Ministère de l'Économie et des Finances, 2012 et FMI, 2013). La relance économique résulte de quatre facteurs à savoir : la mise en œuvre du programme national de développement (PND, 2012-2015), la réalisation des grands travaux (le 3e pont d'Abidjan, etc.) et l'obtention du point d'achèvement des pays pauvres très endettés (PPTE) en juin 2012 (le pays bénéficie d'une réduction substantielle du stock de la dette extérieure) ainsi que le redressement de la production

---

[1] Cette institution est spécialisée dans l'analyse des risques-pays, principalement consacrée à la notation de ce type de risques pour le compte des entreprises (comme déterminant) désirant réaliser des investissements directs dans les pays émergents. Par ailleurs, l'insécurité et le risque de guerre sont des explications majeures dans la faiblesse des investissements dans les pays en conflit (Investir en Zone Franc-IZF. (2005)).

[2] Il est défini selon les facteurs : homogénéité sociopolitique, stabilité du gouvernement, risques de renversement et de guerre.

pétrolière et gazière. La relance économique ne doit pas toutefois masquer les problèmes sociaux tels que le « *taux de chômage*[1] » élevé surtout des jeunes, conjugué au « *taux de pauvreté* » élevé ainsi que la cherté du coût de la vie. Par ailleurs, nous remarquons un risque de déstabilisation politique, suite aux attaques répétées des positions des FRCI et les non-achèvements de l'insertion des ex-combattants ainsi que du processus de la réconciliation nationale. À ceux-ci, nous pouvons ajouter le nombre de plus 60.000 réfugiés ivoiriens à l'intérieur du pays comme dans la sous-région ouest-africaine.

Conclusion

Après l'indépendance, le changement économique s'est opéré sous l'impulsion de l'État. Celle-ci instaure de nouvelles règles formelles au niveau économique qui influencent son évolution. Elle sera analysée en cinq grandes périodes.

De 1960 à 1980, ce fut la période de la prospérité économique, issue de la vente du café et du cacao. Elle est caractérisée par l'Etat-investisseur et due au manque de capitaux nationaux. Dès lors, les entreprises publiques sont sur le marché en concurrence avec celles des investisseurs étrangers. Durant cette période naît le concept d'*Ivoirisation.* Cette idéologie consiste en l'appropriation de l'administration ivoirienne et du secteur industriel *respectivement* par les cadres et les capitaux ivoiriens.

[1] Le taux de chômage officiel était estimé à 9,5% à la fin 2012, ce taux étant nettement plus élevé chez les jeunes et les femmes, ainsi qu'à Abidjan (FMI, 2014, p.4). Quant au taux de pauvreté, « (…) *plus de la moitié de la population ivoirienne vit aujourd'hui en dessous du seuil de pauvreté, contre 48% en 2008 et seulement 10% en 1985* » (FMI, 2013, p.3).

Elle fut freinée par la récession économique des années 1980 jusqu'en 1993. L'État se désengage de ces entreprises publiques, suite aux recommandations du FMI et de la Banque mondiale. C'est le début du processus de privatisation.

De 1994 à 1998, c'est l'embellie économique, suite à la dévaluation du F.CFA en 1994 et aux réalisations des grands travaux. À partir de la fin d'année 1999, la Côte d'Ivoire traverse une période d'instabilité sociopolitique. Elle a pour conséquence le conflit depuis septembre 2002 jusqu'en novembre 2010, avec pour principale cause le concept d'*ivoirité* (l'introduction du droit du sang dans la loi). Durant cette période, la Côte d'Ivoire fut scindée en deux : le Nord sous la domination rebelle (les Forces nouvelles) et le Sud sous celle du gouvernement légal.

Ce conflit est conjugué à la crise post-électorale de six mois (décembre 2010 avril 2011). Dorénavant, la crise politique et celle économique vont de pair.

En effet, la Côte d'Ivoire renoue avec la relance économique après la crise.

Chapitre 4
LES CAUSES DE L'INSTABILITÉ POLITIQUE

Introduction

La Côte d'Ivoire était incontestablement un pays stable dans un continent africain souvent bouleversé par des changements de régime, de gouvernements et de dirigeants, depuis son indépendance le 7 août 1960 jusqu'au 24 décembre 1999[1], date du premier coup d'Etat militaire. À compter de cette date, ce pays connaît des troubles politico-militaires, soldés de 19 septembre 2002 à fin 2010 par sa scission en deux. Le « Nord » est occupé par la rébellion armée des Forces nouvelles, tandis que le « Sud » reste contrôlé par le gouvernement légal. Ensuite, les élections qui devraient permettre à ce pays de renouer avec la stabilité ne furent pas le cas. On assiste à une crise post-électorale de décembre 2010 au 11 avril 2011. Enfin, la Côte d'Ivoire post conflit renoue avec une stabilité relative.

Fort de ce constat, l'objectif de ce chapitre est de montrer les causes de l'instabilité politique en Côte d'Ivoire, en mettant en exergue la logique de l'*intégration par la coercition* définie comme *« une coordination sociale (forme d'intégration sociale) à travers l'intimidation, la menace et l'usage de moyens coercitifs non institutionnalisés »* (Vahabi, 2009a, p.355).

---

[1] Sauf entre 1963 et 1965, il y a eu l'arrestation de nombreux hommes politiques, libérés massivement en 1966. Cette vague d'arrestations et d'emprisonnements, particulièrement à Assabou (village natal du Président), fut qualifiée de « faux complot » d'Houphouët-Boigny (Diarra, 1997).

Nous allons faire une analyse critique des causes ayant abouti aux conflits armés (Dago, Ilyess, 2010, pp. 149-158 ; Dago, 2012, pp.157-166) et la crise post-électorale. La première section met en perspective l'évolution de la situation économique du pays (4.1), puis le choc démographique dans la seconde (4.2). La troisième section (4.3) présentera le changement idéologique qui s'opère avec l'apparition du concept d'*ivoirité*. Enfin, nous réfléchirons sur la crise post électoral (section 4.4). Tous ces éléments permettent de comprendre la logique de l'instabilité politique en Côte d'Ivoire.

4.1. La cause économique

(…, voir chapitre 3).

La crise armée, liée au contexte économique et social, va nous permettre d'analyser la transition démographique de ce pays comme facteur déterminant de cette crise.

4.2. Le choc démographique

Dernière région à accomplir sa transition démographique, l'Afrique doit globalement supporter des taux d'accroissement naturels particulièrement élevés. Mais dans le cas de la Côte d'Ivoire, le succès économique « miracle ivoirien » (datant de la période coloniale et organisé par l'administration coloniale[2]) a attiré en masse des migrants provenant des pays voisins. La présence des migrants en Côte d'Ivoire se justifiait d'une part par le fait que leurs pays étaient moins bien lotis en ressources

[2] Cette politique fut initiée par l'administration coloniale française. Elle avait organisé l'arrivée des Voltaïques de la Haute Côte d'Ivoire (actuel Burkinabè) en Basse Côte d'Ivoire (Côte d'Ivoire actuelle), comme des réservoirs de main-d'œuvre dans les plantations des cultures d'exportation (Ogumnola et Badmus, 2005, pp.211-213 et Dozon, 2000, pp.15-16).

naturelles (Mali et Burkina Faso), et d'autre part qu'ils ont été la proie de crises économiques (Ghana et Guinée Conakry). En plus un demi-siècle (54 ans), de 1960 à 2014, la population de la Côte d'Ivoire a été multipliée par 6,6 (de 3,4 à 22,6 millions d'habitants, Banque Mondiale, 2010 et *Fraternité Matin*, 2014, 23 décembre 2014). Parallèlement, son rythme de croissance démographique a été l'un des plus élevés du monde.

L'explosion de la croissance démographique est corroborée par l'augmentation constante de la proportion des migrants, qui est passée de 17,5% en 1965, à 22% en 1975, puis 28% en 1988[1] et à 26% en 1993 (Touré, 2000, tableau 1, p.80). Selon la même source, en valeur absolue, la population étrangère était ainsi estimée à 1.049.184 personnes en 1975 et à 1.777.487 individus en 1988, soit une augmentation de 70% en treize ans, tandis que dans les autres pays francophones de la sous-région (ouest-africains) la plus forte proportion de la population étrangère relevée en 1993 n'atteignait pas 2%. Deux ans après la publication d'un ouvrage manifeste (en 1996), intitulé *L'Ivoirité ou l'esprit du nouveau contrat social du Président Henri Konan Bédié*, un rapport explosif a été publié par la Commission des affaires sociales et culturelles du Conseil économique et social sur

[1] Depuis l'indépendance, la Côte d'Ivoire a réalisé trois recensements généraux de la population et de l'habitat (RGPH : 1975, 1988, 1998) et le quatrième post crise s'est fait fin premier semestre de l'année 2014. Selon le dernier RGPH, on dénombre 24,2% de non Ivoiriens sur une population de 22.671.000 d'habitants. Cette proportion devrait permettre aux autorités ivoiriennes de se poser de vraies questions sur leurs politiques d'accueil des migrants et de démographie. Par ailleurs, le taux de croissance annuelle démographique est de 2,6% contre 3,8% en 1988 et 3,3% en 1998. Cette baisse pourrait aussi s'expliquer par les conséquences de la décennie de conflit (*Fraternité Matin*, 2014, 23 décembre 2014).

l'immigration en Côte d'Ivoire. Celui-ci estimait que le seuil tolérable était largement dépassé, montrant que l'immigration et l'étranger ont pour corollaire le chômage des Ivoiriens (« *de souche* ») et menacent la sécurité et la paix sociale. De plus, il suggère des lois sur la préférence nationale et la limitation de l'immigration en Côte d'Ivoire. Ce rapport a été contesté par le sociologue Touré (2000, pp.75-93) qui a montré que la notion de *« seuil tolérable relève de la xénophobie »* (*Le Jour*, 1999, jeudi 20 mai, pp.2-3 et Jarret et Mahieu, 2002, p.52).

Aux migrations interétatiques se sont en effet ajoutées d'intenses migrations interrégionales depuis le nord très pauvre vers le centre, le centre-ouest, le sud et le sud-ouest du pays au potentiel économique très supérieur. Cette croissance démographique exceptionnelle s'est manifestée dans les grandes villes et à Abidjan en premier lieu. De 1960 à 1990, le taux de croissance de la population urbaine en Côte d'Ivoire a en effet dépassé 6,8% par an (Banque Mondiale, 2010), tandis qu'il n'a été que 3% au Ghana voisin (Michailof, 2005, p.395). Ainsi, malgré des investissements urbains considérables, des problèmes persistent (pauvreté, insalubrité, bidonvilles et quartiers précaires, etc.). Hormis les villes, dans les campagnes, le succès de l'agriculture de l'époque et la réalisation d'infrastructures routières et sociales ont aussi attiré les migrants ivoiriens et les étrangers dans les zones rurales, en l'occurrence dans le centre-ouest et le sud-ouest. Ce flux migratoire a entraîné une augmentation de la population rurale de 170% sur la même période (1960-1990 ; Banque Mondiale, 2010). La pression démographique, face à la rareté des terres et au manque des rentes foncières, apparaîtrait comme un facteur explicatif des conflits fonciers et des tensions sociales.

C'est le cas du conflit foncier dans la région du sud-ouest en 2000.

4.3. L'idéologie : le concept d'ivoirité

L'*intégration par la coercition* dérive du pouvoir destructif. Il est défini comme étant le pouvoir de nuisance aboutissant à la destruction des valeurs d'usage et d'échange (Vahabi[1] 2004). Ce type de pouvoir ne se réduit pas à la violence (révolution, guerre civile, terrorisme, etc.). Il peut inclure des actions non violentes (grève, manifestation, actes d'exclusion délibérés, chantage, boycott, etc.).

Le pouvoir destructif peut être appréhendé à travers ses deux fonctions : sa fonction appropriative (des ressources) et sa fonction de production de règles. Dans ce dernier cas, il peut trouver sa source dans la cohésion interne (ou *assabiya* comme appelait Ibn Khaldûn), soit, dans le cas ivoirien, dans l'idée d'*ivoirité*.

C'est le 26 août 1995 qu'Henri Konan Bédié, devenu Président de la République de Côte d'Ivoire, lança officiellement le concept d'*ivoirité* à Yamoussoukro. L'*ivoirité* naît dans ce contexte de multipartisme, de réveil du nationalisme et de lutte de pouvoir (Ogunmola et Badmus, 2005, pp.219-220, Sandlar, 2005, p.234 et Bayle, 2007, pp.10-15). Les partisans nationalistes de l'*ivoirité* ignorent les problèmes liés à l'économie dans ce débat identitaire. Cette doctrine reste marquée par la soumission

---

[1] L'auteur distingue trois types de pouvoir : créatif, destructif et moral et idéologique. Pour le premier, c'est aussi le pouvoir économique. Il se traduit par la capacité de créer des biens et services, ainsi que des valeurs d'usage et d'échange. Quant au troisième, il peut être défini comme le pouvoir de former et d'influencer les opinions ainsi que les croyances religieuses (ou non).

aux privatisations et aux plans d'ajustement structurel : *« En somme, pour réussir un programme impopulaire, mais qui faisait plaisir aux bailleurs de fonds, il fallait un discours rassembleur. L'ivoirité fut toute trouvée en tant que liant. L'ivoirité apparaissait, dans un premier temps, aux yeux du politique, comme un élément catalyseur qui devrait permettre de faire passer la pilule des programmes d'ajustement structurel. »* (Boa Thiémélé, 2003, p.152).

Le concept d'*ivoirité* étant basé sur l'ethnie et l'exclusion politique d'une partie de la population ivoirienne, nous allons montrer dans les sous-sections (4.3.1.,4.3.2 et 4.3.3) que l'*ivoirité* peut être assimilée à ce qu'Ibn Khaldûn (1378 [2002]) appelait l'*assabiya*, comme source de production de règle.

4.3.1. Ivoirité et ethnicisations

Plusieurs universitaires ivoiriens justifient la notion d'*ivoirité* dans l'ouvrage collectif *L'ivoirité ou l'esprit du nouveau contrat social du président Henri Konan Bédié* (1996). Ils sont tous issus de la Cellule universitaire de recherche et de diffusion des idées et actions politiques du président Henri Konan Bédié (CURDIPHE)[2].

L'ethnologue Niangoran Bouah y définit l'*ivoirité* comme *« l'ensemble des données socio-historiques, géographiques et linguistiques qui permettent de dire qu'un individu qui revendique son ivoirité est supposé avoir pour pays la Côte d'Ivoire, né de parents ivoiriens appartenant à l'une des ethnies autochtones de la Côte*

---

[2] Mais il est vrai que c'est un homme de culture, l'écrivain poète Niangoran Porquet qui avait publié dans *Fraternité Matin*, en 1974, un article intitulé *« Ivoirité et authenticité »* où le concept était défini pour la première fois sans que cela suscite un grand intérêt. Un extrait de l'ouvrage du CURDIPHE a été publié en juin 2000 dans *Politique africaine* (CURDIPHE, 2000, p.67).

d'Ivoire » (Niangoran Bouah, 1996, p.46). Plus précisément, dans ce cas, l'*ivoirité* veut dire que « *l'Ivoirien authentique* » doit être né de parents ivoiriens qui ont vu le jour sur la terre ivoirienne. À l'inverse, les Ivoiriens qui sont des fruits de mariages mixtes sont des « *Ivoiriens atypiques* » et par conséquent inéligibles à la présidence de la République.

L'*ivoirité* est une notion xénophobe qui, loin de rassembler, devient un élément de division ethnique au sein de la Côte d'Ivoire. Cette doctrine de « *l'Ivoirien idéal* », le modèle du groupe ethnique akan, et précisément l'Ivoirien doit avoir des traits de caractère de l'ethnie Baoulé (Dozon, 2000, p.19). En d'autres termes, cette idéologie est une tentative de renforcer la prédominance que Félix Houphouët Boigny (ex-président ivoirien) aurait déjà tenté d'établir des Akan et des Baoulé au pouvoir, car « *... l'ivoirité, dans sa dimension pro-akan ou pro-baoulé, participa certainement de cette longue histoire qui avait installé au cœur de l'État ivoirien une sorte d'* « *ethnocratie* » » (*ibidem*). Non seulement cette politique induit une rupture avec la politique libérale d'Houphouët Boigny en faveur de l'immigration étrangère (distribution de postes publics), notamment ministérielle ; mais cette rupture au plan interne a eu pour conséquence de créer des étrangers de « *l'intérieur* ». C'est ainsi que l'idéologie est même bicéphale avec une face interne qui met en doute la citoyenneté des nordistes et la population de l'Ouest ne peut théoriquement accéder aux hautes fonctions de l'État, notamment à la magistrature suprême parce que leur tradition ne les prédisposerait pas à ces fonctions (Dozon, 2000, p.19, *The Guardian*, 2000, 12 janvier et Ogunmola et Badmus, 2005, p.221). Quant à Memel-Fotê (1999, pp.21-42), il estime que l'*ivoirité* est un moyen de pérenniser l'akanité, c'est-à-dire la domination absolue des Akan en général et des Baoulé en particulier sur la société ivoirienne : « *La propagande faite sur le thème de l'ivoirité est une propagande de mobilisation et de combat pour unifier les Ivoiriens autour de la pyramide baoulé*[1] ». Par ailleurs, le groupe fait partie des cinq groupes ethniques (Krou, Malinké, Mandé du nord, Mandé du sud et Akan) de la Côte d'Ivoire, qui abrite une soixantaine d'ethnies.

L'introduction au cœur de la loi (code foncier de 1998, code électoral, constitution de 2000, etc.) du « droit du sang » par le biais de l'*ivoirité* est synonyme d'*assabiya.* Cette source de production de règles a eu des conséquences négatives sur l'accessibilité à la terre, comme source du conflit ivoirien, revendiquée par l'organisation de la rébellion armée des Forces nouvelles.

4.3.2. Ivoirité et conflit foncier

Les conflits fonciers ont toujours existé dans l'histoire de la Côte d'Ivoire. Ils se sont amplifiés suite à la crise du modèle de la mise en valeur agricole (chute des cours des matières premières agricoles), à la forte pression démographique et à l'exclusion du modèle urbain d'ascension sociale des jeunes ruraux, surtout des jeunes générations (Chauveau, 2005, p.248, Garrier, 2007, p.99). Toutes ces raisons ont renforcé la politisation et l'ethnicisation de la question foncière. C'est ainsi qu'au début des années 1990, dans la région du Haut-Sassandra (ou aux abords de la forêt de Monogaga dans le sud-est), allogènes et autochtones ne considéraient plus le sol

---

[1] L'auteur a montré qu'au sommet de la nouvelle hiérarchie sont placés les Akan, avec prééminence explicite des Baoulé et des Agni sur les ethnies lagunaires. Vient ensuite le groupe Mandé, au bas de l'échelle, les Krou.

comme un support de leur activité et des heurts violents avaient été signalés (Ruellan, 1993, p.68).

À partir de 1995, le concept d'*ivoirité* a renforcé les tensions sociales. Il suscitera l'adoption à l'unanimité par l'Assemblée nationale ivoirienne de la loi foncière de 1998. Être privé de son bien par une loi qui favorise à l'excès des nationaux avec effet rétroactif peut être une forme d'oppression qui conduit à la révolte. C'est ainsi que la loi n° 98-750 du 23 décembre 1998 (article 1er) n'attribue que la jouissance du sol aux personnes physiques non ivoiriennes. L'article 26 confirme cette exclusion en affirmant que les droits de propriété des personnes physiques non ivoiriennes leur sont *« maintenus à titre personnel (...) pour trois ans[1] »*. Ces droits de propriété foncière qui ont perdu toute valeur de par leur caractère d'exclusion des non ivoiriens (et personnes morales) au bénéfice de la propriété attestent *l'intégration par la coercition institutionnalisée.* L'exclusion d'une partie de la population ivoirienne pourrait être nuisible à la paix sociale, car les propriétaires non ivoiriens et leurs descendants (dans un pays dont la population est issue de mariages mixtes), à terme, ne peuvent plus acquérir leurs biens fonciers, qui appartiendront à l'État. Bien que non encore appliquée, faute de financements internationaux pour dédommager les expropriés, une interprétation expéditive de ce texte par la population locale a ouvert la voie à des revendications parfois violentes contre des détenteurs étrangers.

[1] Le gouvernement actuel a reconduit la loi « conflictuelle » de 1998 comme loi fondamentale régissant le code foncier, en exhortant de mettre beaucoup de pédagogie dans l'explication. À l'inverse, l'article 26 qui a été amendé maintien définitivement les anciens titres de propriété des non ivoiriens (et non pour trois ans).

Les conséquences de l'*ivoirité* au niveau foncier sont multiples. En 1997, un conflit de voisinage a éclaté à Duékoué entre des Guéré autochtones et leurs voisins Baoulé allogènes. En novembre 1999, plus de 15.000 immigrés burkinabè ont quitté, par cars entiers, la région de Tabou, à la suite d'un contentieux entre immigrés (détenteurs d'un droit d'usage) et paysans autochtones krou (propriétaires traditionnels des terres) de la région, concernant le titre foncier qui a dégénéré en un affrontement meurtrier (Schwartz, 2000, pp.64-65). De nouveau, au début de 2005, les Guéré reprochent aux Baoulés leur association avec les Burkinabè pour tuer les Guéré. En face, la communauté baoulé de Duékoué se dit être victime de plusieurs exactions allant de la spoliation de biens (notamment les plantations), aux assassinats perpétrés par certains jeunes Guéré (Garrier, 2007, p.100). Enfin, signalons que dans le Nord des affrontements croissants entre les pasteurs, les producteurs de coton (autochtones) et les éleveurs ont aussi lieu.

En somme, l'*ivoirité* est ici utilisée pour exclure certaines personnes d'une communauté et donc s'accaparer leurs biens.

4.3.3. Ivoirité et exclusion politique

Les facteurs politiques des conflits, le plus souvent mis en avant, sont évidemment importants, que ce soit en termes de déficit des pouvoirs en place, de disparition des compromis sociopolitiques, des querelles de chef pour l'accès au pouvoir, de la décomposition des citoyennetés ou de volonté de nouvelles configurations territoriales (Hugon, 2003, p.112). La guerre peut avoir ainsi une finalité politique : accéder au pouvoir par la force. Le risque de conflit ouvert est accru lorsque les responsables politiques remettent en question les compromis et s'appuient sur certains clans, factions ou ethnies. L'État, extraverti et affaibli par l'endettement et par l'ajustement, compte sur une société civile faiblement organisée. Les références identitaires, communautaires, tribales, ethniques ou claniques favorisent, dès lors, des logiques de fractionnement. C'est le cas de l'*ivoirité*, basée sur « l'ethnocratie », avec pour objectif de pérenniser le pouvoir des Akan et des Baoulé, ainsi que de créer des « *étrangers de l'intérieur* » en raison de leur seule appartenance ethnique. Cette doctrine d'*ivoirité* montre l'inégalité d'accès aux postes de responsabilité en Côte d'Ivoire, comme ce fut le cas en République Démocratique du Congo au nom de la « zaïrianisation » (Hugon, 2006, p.36).

Les comportements belliqueux jouent dans des conditions politiques données : absence d'État de droit, souveraineté des États en déshérence, existence de jeux démocratiques. Dans le cas ivoirien, la lutte pour le pouvoir entre les quatre grandes formations politiques ivoiriennes : le Front populaire ivoirien (FPI) du président au pouvoir (2000-2010), le Rassemblement des républicains (RDR) de l'ex-Premier ministre d'Houphouët-Boigny, et le Parti démocratique de la Côte d'Ivoire de l'ex-président déchu par le coup d'État de fin décembre 1999 ainsi que l'UDPCI (Union pour la démocratie et pour la paix en Côte d'Ivoire) de l'ex-président de la junte militaire au pouvoir après le coup d'État de fin 1999, ont conduit à un défaut de règles démocratiques et, du fait de mesures basées sur l'*ivoirité*, à délégitimer le pouvoir. En effet, l'introduction du droit de sang (*jus sanguini)* dans les lois pour le code de nationalité, soit pour la nouvelle constitution votée par référendum populaire en 2000, avec son article 35 qui stipule que pour être éligible en tant que candidat au poste de Président de la République de Côte d'Ivoire, il faudrait avoir la nationalité ivoirienne, être né de père et de mère ivoiriens de naissance ; le code foncier rural de 1998 de par ses articles 1 et 26 exclut les étrangers et leurs descendants de la propriété au sens romain. Ces mesures se sont traduites par la perte de légitimité du pouvoir, un enchaînement de frustrations et une absence de compromis sociopolitiques. Quant aux frustrations, elles concernent une grande partie de la population de nationalité ivoirienne, surtout celle issue de mariages mixtes. Il y a aussi le cas du Président du RDR (actuel Président de la République) dont la candidature n'a pas été retenue lors de l'élection présidentielle du 22 octobre 2000, à cause de l'article 35 de la Constitution qui l'exclue pour "non-ivoirité" (Michailof, 2005, p.402) et aussi aux élections législatives (10 décembre 2000 et 14 janvier 2001). C'est ainsi que l'article 35 de la Constitution de 2000 prouve *l'intégration par la coercition institutionnalisée*, au vu de son caractère d'exclusion de la loi d'une grande partie de sa population, leur interdisant de prétendre à la magistrature suprême, même si elle n'en avait pas l'intention.

Être privé de son bien ou son droit pourrait conduire à la révolte. Les nouvelles réformes « ivoiritaires » en Côte d'Ivoire ont favorisé l'exclusion d'une partie de la population au niveau de l'accès aux terres, des postes de responsabilité et des droits politiques ainsi qu'administratifs. Ces réformes de l'autochtonie montrent *l'intégration par la coercition institutionnalisée* de l'*ivoirité* suite à son caractère d'exclusion par les lois. Autrement dit, cette idéologie est une source de la production de règles du pouvoir destructif de l'État. À ces réformes, s'ajoutent la crise économique et le choc démographique qui ont entraîné la défaillance de l'État.

Cette défaillance qui s'est soldée par un conflit armé, de septembre 2002 jusqu'à la fin de l'année 2010, a abouti à la partition du pays en deux. Enfin, cette décennie de crise se solde par la crise post-électorale.

4.4. La crise postélectorale

Depuis le 19 septembre 2002, la Côte d'Ivoire est scindée en deux parties, suite au coup d'État manqué (putsch) contre les instituons républicaines. C'est ainsi que le Nord (zones CNO) est dirigé par les Forces Nouvelles et le Sud par le gouvernement légal. Après plusieurs accords de paix signés par les acteurs en présence du conflit, ils acceptent d'aller aux élections présidentielles. Par ailleurs, le DDR (démobilisation, désarmement et réinsertion des ex-combattants (ex-rebelles et des miliciens pro-gouvernementaux) ne soit pas fait (ou achevé/terminé) ainsi que l'autorité de l'État n'étant pas restaurée sur l'ensemble du territoire national. Le pays organise des élections avec seize (16) candidats au premier tour (Dimanche 31 octobre 2010) et le deuxième tour (deux candidats) le Dimanche 28 novembre 2010 (avec environ 80% de taux de participation).

Ainsi, la CEI (Commission électorale indépendante) déclare Monsieur Alassane OUATTARA vainqueur avec 54% des voix (contre 46 % pour le président sortant Laurent GBAGBO, voir www.ceici.org). Le lendemain, les résultats sont invalidés par la Cour Constitutionnelle (CC) et proclame Laurent GBAGBO vainqueur des élections avec 51% des voix (suffrages exprimés). Celui-ci est investi par ladite institution au palais présidentiel du Plateau (Abidjan). Par contre, Monsieur Alassane OUATTARA prête serment sur l'honneur en tant que Président de la République de la Côte d'Ivoire depuis son quartier général (QG) de campagne à l'Hôtel du Golf de

Cocody (Abidjan). Il faudrait aussi préciser que le président Alassane OUATTARA et son gouvernement sont reconnus par la Communauté internationale (ONUCI, CEDEAO, UA, UE[1], etc.), ce qui n'est pas le cas pour son adversaire. La fracture sociale s'installe dans ce pays à deux « *Présidents* » à travers les comportements des partisans des deux camps opposés. À ce titre, les conséquences de la crise sont négatives aux niveaux économique, humain, social et financier[2], etc. Après l'échec de plusieurs tentatives de médiations pour le règlement du conflit, il a pris fin par la bataille d'Abidjan. Enfin, la date du 11 avril 2011 marque l'arrestation du président sortant par les « FRCI » (avec l'appui de l'ONUCI) pour le « *refus de céder le pouvoir d'État* » et la fin de la crise post-électorale. Fort de ce constat, cette période atteste une *intégration par la coercition institutionnalisée* par le pouvoir destructeur des deux « Présidents ».

Conclusion

Au terme notre analyse, nous pouvons énumérer quatre causes du conflit ivoirien : la crise économique, le choc démographique et le concept d'*Ivoirité* et la crise post-électorale. L'enchevêtrement de ces trois premièrement causes a mené la Côte d'Ivoire à un conflit armé à partir du 19 septembre 2002 jusqu'en novembre 2010. Il s'est soldé par sa scission en deux (situation de « ni-guerre, ni-paix ») : la zone du Nord (CNO) dirigée par la rébellion

[1] Organisation des Nations Unies pour la Côte d'Ivoire (ONUCI), Communauté économique des États de l'Afrique de l'Ouest (CEDEAO), Union africaine (UA), Union européenne (UE).

[2] On a enregistré une perte humaine de 3.000 morts et environ 60.000 exilés dans la sous-région africaine. Quant au taux de croissance économique, il a été négatif en 2011 (-4,7%), etc.

armée des FN, tandis que le « Sud » est dirigé par le gouvernement légal. Ce conflit a pris fin par une autre crise post-électorale de cinq mois (décembre 2010-avril 2011). Celle-ci a eu des conséquences néfastes au niveau économique, financier, social et humain, etc.

À terme, seule une réconciliation nationale (sincère et vraie, suivi de pardon), via l'abrogation de toutes les lois « *ivoritaires* », le retour des exilés et la libération des prisonniers politiques ainsi que l'insertion des ex-combattants[1], pourrait ramener la stabilité durable, voire retrouver la cohésion sociale.

Conclusion de la deuxième partie

Au terme de notre analyse, nous pouvons dire que l'accession à l'indépendance de la Côte d'Ivoire se traduit par des actions de l'État au niveau économique. Elles expliquent le changement des nouvelles règles formelles.

Celles-ci influencent l'évolution de l'économie en cinq périodes. Ces phases s'imbriquent dans les faits sociaux, qui ont connu une décennie de conflit. Enfin, les causes du conflit ivoirien sont : les causes économiques, le choc démographique, l'idéologie de l'ivoirité et la crise post-électorale.

[1] La structure du DDR (désarmement démobilisation et réinsertion) devient l'Autorité pour le désarmement, la démobilisation et la réinsertion (ADDR) depuis août 2012. Selon elle, après deux ans activités (août 2012-3 novembre 2014), il en ressort que sur un effectif de 74.068 ex-combattants identifiés, 44.493 ont été réinsérés au 3 novembre 2014 (soit 60%) [ADDR, 6 novembre 2014, www.abidjan.net/chiffre clefs n°2165].

CONCLUSION GÉNÉRALE

Les résultats de l'étude sur la trajectoire historique de l'économie ivoirienne et son intégration dans les faits sociaux se résument en deux périodes distinctes, à savoir pré et post indépendance[1]. Celle précédant l'indépendance se divise en trois sous-périodes.

Pour **la période précédant l'indépendance**, on a d'abord la sous-période précoloniale (avant 1843[2]). Elle se caractérise par la présence d'une économie de subsistance dans le cadre d'une société lignagère ivoirienne avec la *réciprocité* comme forme dominante d'intégration sociale. Les contraintes informelles (coutumes, tabous, totems, croyances) sont prédominantes à cette époque. La société lignagère entretient des échanges extérieurs avec l'Afrique noire par voie terrestre au Nord et avec les Européens par voie maritime au Sud.

Les échanges avec les Européens se soldent par la signature du traité de 1843 entre les chefs locaux et les autorités françaises de l'époque. Ce territoire (la future Côte d'Ivoire) devient le protectorat français et les premiers hommes d'affaires français installent les factoreries en 1843. Cela est suivi par l'émergence des maisons de commerce et de l'économie de plantation (café-cacao) en 1881. Nous sommes alors passés dans la seconde sous-période (1843-1920), caractérisée par l'apport d'IDE et l'instauration du marché. Ce dernier se traduit par l'institutionnalisation des droits fonciers de propriété privée, de la monnaie moderne française comme

---

[1] Pour le bilan du changement institutionnel en Côte d'Ivoire, voire l'annexe 1.

[2] Pour l'analyse de la chronologie des faits sociaux, politiques et économiques, voire l'annexe 2.

substitution à la monnaie traditionnelle (*cauris, manilles* et *sompè*) auprès des populations locales. La société lignagère ivoirienne prend le statut de colonie française en 1893. Cela se solde par la perte des autorités villageoises et des chefs de clans de la Côte d'Ivoire. L'administration coloniale française utilise alors des moyens de coercition pour imposer le marché. Ainsi, pour la société lignagère, la période de la conquête coloniale (1843-1920) entraîne une transition du mode de *réciprocité* vers l'*échange marchand.*

Cette période est alors dominée par l'intégration par la coercition. La transition vers le marché avait pour vocation la pérennisation des IDE dans cette colonie française. Quant au secteur agricole, les populations locales sont contraintes par l'administration coloniale à la production des cultures d'exportation que sont le cacao et le café, et à l'usage de la monnaie moderne.

Après la conquête, commence la phase « *pacifiée* » de la période coloniale, entre 1920 et 1960. La présence des IDE va substituer l'échange marchand à la réciprocité de la société lignagère. La décomposition de la société lignagère consiste à transformer l'économie de subsistance en économie de profit. On assiste à un changement du mode de production traditionnel : le travail de la terre n'est plus collectif, mais individuel, avec un salaire par travailleur, et la terre devient un bien ayant une valeur marchande. Au contact des hommes d'affaires européens, le profit devient la préoccupation majeure de la production locale. Une classe bourgeoise africaine du commerce et de l'agriculture va émerger.

La monnaie française sera remplacée en 1945 par le franc CFA, pour faciliter les échanges marchands.

Au contact de l'IDE, la société lignagère ivoirienne a été profondément transformée, économiquement, politiquement et socialement. Qu'en est-il après l'indépendance ?

Après l'indépendance de la Côte d'Ivoire (7 août 1960), le changement économique s'est opéré sous l'impulsion de l'État. Celui-ci sera analysé en cinq grandes périodes.

De 1960 à 1980, ce fut la période de la prospérité économique, issue de la vente du café et du cacao. Elle est caractérisée par l'Etat-investisseur et due au manque de capitaux nationaux. Dès lors, les entreprises publiques sont sur le marché en concurrence avec celles des investisseurs étrangers. Durant cette période naît le concept d'*Ivoirisation.* Cette idéologie consiste en l'appropriation de l'administration ivoirienne et du secteur industriel respectivement par les cadres et les capitaux ivoiriens.

Elle fut freinée par la récession économique des années 1980 jusqu'en 1993. L'État se désengage de ces entreprises publiques, suite aux recommandations du FMI et de la Banque mondiale. C'est le début du processus de privatisation.

De 1994 à 1998, c'est l'embellie économique. À partir de la fin d'année 1999, la Côte d'Ivoire traverse une période d'instabilité sociopolitique. Elle a pour conséquence le conflit depuis septembre 2002 à avril 2011, avec pour principales causes le concept d'*ivoirité* (l'introduction du droit du sang dans la loi/la vie socio-économique et politique) et la crise postélectorale meurtrière. Par ailleurs, l'évolution de l'économie s'intègre dans le tissu social par le biais de la *coercition.* À partir de 2012, on assiste à la reprise de l'activité économique dans ce pays.

Par ailleurs, il n'y a pas de développement économique sans une paix sociale durable. Celle-ci (cette paix) sera possible par le biais du processus de réconciliation nationale, une politique de retour des exilés, l'intégration sociale des ex-combattants et la libération des prisonniers politiques, etc.

À terme, afin d'éviter un éventuel conflit, il faudrait que les pouvoirs publics résorbent les causes de l'instabilité politique, à savoir : la crise économique, le choc démographique, l'idéologie d'*ivoirité* et à la crise postélectorale (Dago, 2012, chapitre 5). Par ailleurs, la classe politique ivoirienne devrait être plus responsable afin d'éviter d'autres violences post-électorales (Koulibaly, 2011). Quant à la population, elle doit fait preuve de civisme à travers une société civile apolitique.

ANNEXES

Annexe 1 : Tableau récapitulatif du changement institutionnel en Côte d'Ivoire de la période précoloniale jusqu'à nos jours

Période	Nature de l'État	Forme organisationnelle dominante	Forme d'intégration sociale
I.1. Précoloniale (avant 1843[1])	Absence de l'État (société lignagère)	Économie de subsistance	Réciprocité Règles informelles (tabous, totems, croyances)
I.2. Conquête coloniale (1843-1920)	État colonial (à partir du 10 mars 1893)	Factoreries ou la genèse de l'IDE	Transition de la réciprocité vers le marché, domination de l'intégration par la coercition

[1] Entre les 9e et 19e siècles, la société primitive ivoirienne a toujours eu des échanges commerciaux avec l'extérieur. Celle du Nord, avec les populations soudanaises et d'Afrique du Nord et celle du Sud (par voie maritime et la Côte) avec les Européens, notamment les Portugais et les Anglais. À un moindre niveau, ce territoire a participé à la fourniture d'esclaves pour le commerce triangulaire. Les modes d'échange avec l'extérieur étaient le troc, les monnaies spécifiques (comme le cauris, les coquillages ou la poudre d'or) et la monnaie anglaise. À partir de juillet 1843, ce fut la fin de la période précoloniale et le début de la conquête coloniale par les hommes d'affaires français.

I.3. Coloniale (1920-1960)	État colonial	IDE : Factoreries Maisons de commerce Économie de plantation	Droit de propriété privée (foncière), Monnaie (diffusion et salarisation), Intégration par l'échange marchand (par opposition avec la réciprocité de la société lignagère), Intégration par la coercition (expropriation des indigènes de leurs terres par l'État colonial)
II.1. Postcoloniale (1960-1980)	État « moderne[2] » Modèle déterministe du tout État : politique d'Ivoirisation des capitaux industriels	Entreprises « modernes » (rivalité entre les sociétés d'État et les sociétés étrangères)	Coexistence de l'intégration par la redistribution et de l'intégration par l'échange marchand

[2] L'État « moderne » ivoirien est régi par toutes les règles formelles et organisations permettant son bon fonctionnement. Mais dans la réalité, il est identifié à la notion d'État-personne. Cette notion recouvre également la centralité de l'autorité, le renforcement du pouvoir aux mains de la personne placée au sommet de l'État. Il y avait aussi l'adhésion de tous les Ivoiriens au parti-Etat, le PDCI-RDA jusqu'au 30 avril 1990, date du multipartisme en Côte d'Ivoire (périodes II.1 & II.2).

II.2. Postcoloniale (1980-fin des années 90)	État « moderne » Modèle déterministe du tout marché : politique de privatisation	Entreprises « modernes » (rivalités entre les sociétés d'État, nationales et les sociétés étrangères)	Coexistence de l'intégration par la redistribution et de l'intégration par l'échange marchand
Période	**Nature de l'État**	**Forme organisationnelle dominante**	**Forme d'intégration sociale**
II.3. Postcoloniale (fin-1999-novembre 2010)	État « défaillant[1] » Crise sociopolitique : scission du pays en deux parties (Gouvernementale et Rebelle) et « État dans l'État »	La Centrale dans les zones Centre-Nord-Ouest (CNO)	Prépondérance de l'intégration par la coercition
II.4. Postcoloniale (décembre 2010-11 avril 2011)	État « défaillant » Crise postélectorale : « deux Présidents »	La Centrale dans les zones (CNO) FRCI (ex-Forces nouvelles)	Prépondérance de l'intégration par la coercition

[1] Depuis la fin-1999 l'État est défaillant (périodes II.3 à II.5). Il est présent, mais ne peut assurer ses fonctions de sécurité nationale des biens et personnes (il n'a pas le monopole de la violence), faire appliquer la loi de son pays par le respect des juridictions (de ses institutions qui l'incarnent) et dans le prélèvement de la fiscalité, etc. D'où le terme de « State Formation (Etat en formation) » (Volkov, 2002, p. 155). Autrement dit, il est présent, mais absent de par sa défaillance. Un exemple parmi tant d'autres est le cas de la rébellion des Forces nouvelles qui a contrôlé en toute impunité 40% du territoire ivoirien environ une décennie. Par le biais de la *Central*, elle s'appropriait les ressources agricoles, minières et financières des zones CNO. Les montants prélevés pourraient s'estimer à *50 milliards de F.CFA par an* au niveau des impôts et des douanes (Le Temps, 2008, 5 décembre et Dago, 2012, p.180).

		opposée aux FANCI et aux miliciens	
II.5. Postcoloniale À partir du 12 avril 2011	État « défaillant »	Entreprises « modernes » (rivalités entre les sociétés d'État, nationales et les sociétés étrangères) FRCI (attaques répétées de leurs positions en vue de déstabiliser ce pays)	Prépondérance de l'intégration par la coercition

Source : Dago, 2012, tableau 49, pp. 246-247.

Annexe 2 : Chronologie des évènements socio-économiques et politiques (1843-2015)

4 juillet 1843	Signature du deuxième traité entre les rois de la Côte (future Côte d'Ivoire) et la France. Ce traité renferme des clauses politiques et commerciales, à savoir la souveraineté pleine et entière à la France, l'interdiction de commercer avec des non-Français, etc. C'est le début de la conquête coloniale. Elle se traduit par l'installation des premières factoreries et des maisons de commerce et des comptoirs, c'est-à-dire les IDE.
10 juillet 1891	Instauration du travail obligatoire (« forcé ou esclavagiste »). Le marché du travail public était celui de l'administration coloniale. Quant au marché du travail privé, le recrutement était volontaire et destiné aux chantiers privés.
10 mars 1893	La Côte d'Ivoire est proclamée colonie française. Début de l'instauration de la monnaie française pour la substituer à la monnaie indigène (cauris, manilles, sompe, etc.) et anglaise. Ce fut aussi l'instauration progressive des arrêtés concernant les droits de propriété foncière par l'administration coloniale (10 septembre 1893, 1899, 1904, 1906, 1935) en remplacement du droit coutumier.
1908	Début de la conquête militaire pour la pacification de la colonie. Elle consistait en l'acceptation des principes économiques, politiques et idéologiques de la colonisation par la population locale.
1920	Fin de la conquête militaire et coloniale. Début de la colonisation.
12 avril 1921	Loi Sarraut pour la mise en valeur de la colonie.
26 décembre 1945	Création du Franc des Colonies Françaises (F.CFA) par décret du Président du gouvernement provisoire français. Sa parité était alors de 1,7 FF. Elle est passée de 2 FF en octobre 1948 à 0,02 FF en 1960.
1946	Suppression du travail esclavagiste.
1960	Proclamation de l'indépendance de la Côte d'Ivoire **(7 août)**. Promulgation de la Constitution qui établit un régime de type présidentiel **(3 novembre)**. Félix Houphouët-Boigny est élu premier président (**Première République de Côte d'Ivoire**). Le Parti Démocratique de Côte d'Ivoire (PDCI) demeure le parti unique jusqu'en avril 1990.

1963-1965	Arrestation de nombreux hommes politiques ; ils seront libérés massivement en 1966.
1967	Instauration de l'idéologie de l'*ivoirisation.* Elle consiste à montrer le degré d'appropriation des capitaux ivoiriens dans l'industrie, ainsi que le nombre d'emplois occupés par les nationaux ivoiriens.
30 avril 1990	Libéralisation du marché politique (instauration du multipartisme).
7 décembre 1993	Décès du Président Félix Houphouët-Boigny et accession d'Henri Konan Bédié à la Présidence de la République. Le président de l'Assemblée nationale lui succède conformément à la Constitution.
11 janvier 1994	Dévaluation du F.CFA. Pour 1 F.CFA, on a 0,01FF (1FF équivaut à 100 F.CFA). Depuis le passage du FF à l'Euro, 1 Euro équivaut à 655,957 F.CFA (1er janvier 1999).
26 août 1995	Instauration du concept d'*ivoirité* par le Président Henri Konan Bédié dans la vie socio-économique et politique.
22 octobre 1995	Élection d'Henri Konan Bédié à la Présidence de la République (96% des voix ; 56,03% de participation). Le scrutin s'est caractérisé par le « Boycott actif » du FPI et du RDR et de nombreuses violences à caractère ethnique.
23 juillet 1998	L'Assemblée nationale ivoirienne adopte une nouvelle loi foncière (loi n°98-750) qui exclut les étrangers et leurs descendants des droits liés à la propriété.
23-24 décembre 1999	Coup d'État militaire. Le général Guéï Robert prend la tête du Comité National de Salut Public (CNSP). Le CNSP annonce la fin du concept d'*ivoirité.* Adhésion massive de la population au nouveau régime qui promet de céder la place aux civils lors de l'élection d'octobre 2000.
23 juillet 2000	La nouvelle Constitution est adoptée par référendum. Le concept d'*ivoirité* y est implicitement repris.
22 octobre 2000	Élection présidentielle. La candidature des membres du PDCI et du RDR étant invalidée, c'est un duel Gueï / Gbagbo. Gueï s'autoproclame vainqueur, Gbagbo fait descendre ses partisans dans la rue contre la « brigade rouge » de Guéï. La « brigade rouge » est écrasée, Guéï s'enfuit et L.Gbagbo est proclamé vainqueur avec 59,36% des voix (22,21% de taux de participation). Mais les partisans d'ADO réclament de nouvelles élections : des émeutes éclatent à Abidjan.

Octobre 2000	Début du mandat présidentiel de Laurent Gbagbo (**Deuxième République de Côte d'Ivoire**).
Octobre 2001	Ouverture du forum pour la réconciliation nationale.
19 septembre 2002	Attaque de l'organisation MPCI à Abidjan, Bouaké et Korhogo. Échec à Abidjan, réussite à Bouaké et Korhogo. En quelques jours, tout le « Nord » du pays est occupé par le MPCI (organisation rebelle). Échec des tentatives de ripostes des FANCI (Forces armées nationales de Côte d'Ivoire) à Bouaké, Séguéla, Vavoua. Le général-président Guéï et les membres de sa famille sont assassinés à Abidjan. Formation d'une milice « patriote » pro-Gbagbo.
22 septembre 2002	L'armée française déclenche l'opération « licorne » et l'évacuation des ressortissants français de Bouaké et Korhogo.
17 octobre 2002	Accord de Lomé (Togo) sous l'égide de la CEDEAO, soldé par un cessez-le-feu.
28 novembre 2002	Attaque de nouvelles organisations rebelles (MJP et MPIGO) à l'ouest du pays et échec des FANCI.
15-23 janvier 2003	Accord de Linas-Marcoussis (France), dit « accord de Marcousis » et institutionnalisation des organisations parallèles de la rébellion des Forces nouvelles (FN). Les FN sont la fusion de toutes organisations rebelles qui contrôlent 40% du territoire ivoirien du Centre-Nord-Ouest (CNO), avec pour « capitale » Bouaké. Quelques jours plus tard, il y a eu des soulèvements populaires dans la zone gouvernementale contre cet accord et contre la présence des rebelles dans le gouvernement devant siéger à Abidjan.
7 mars 2003	Accord d'Accra (Ghana) sous l'égide de la CEDEAO. Il a consisté à relancer les accords de Marcoussis (révisés). Cet accord s'est soldé par l'acceptation par tous de la présence des rebelles au gouvernement. Au total, on dénombre trois accords d'Accra.
4-7 novembre 2004	Les FANCI bombardent la zone rebelle au Nord, sans la réaction des forces d'interposition. Un obus tombe sur un contingent français de Bouaké et se solde par neuf morts. Il y a une tension diplomatique entre Paris et Abidjan. L'armée française reçoit l'ordre de répliquer et détruit les aéronefs (avions) de l'armée ivoirienne (« loyaliste »). On assiste à des propos hostiles à la France et des violences à l'encontre de leurs intérêts (écoles françaises d'Abidjan incendiées). Enfin, plus de la moitié de la population française vivant en Côte d'Ivoire

	a été contrainte d'être rapatriée en France.
6 avril 2005	Accord de Pretoria (Afrique du Sud). Il s'est soldé par la fin de la guerre, le prochain désarmement de la rébellion armée et des milices.
4 mars 2007	Accord Politique de Ouagadougou (APO), dit « dialogue direct » entre le camp présidentiel et les rebelles des FN. Le secrétaire général des FN devient le Premier ministre et il doit conduire le processus électoral. Malgré des ratés dans l'application de l'APO, il est toujours en vigueur en 2010.
12 février 2010	Suite à la dissolution du gouvernement et de la CEI par le Président, les élections présidentielles sont à nouveau reportées.
5 août 2010	Signature du décret présidentiel fixant la date du premier tour des élections présidentielles au dimanche 31 octobre 2010.
31 octobre 2010	Premier tour de l'élection présidentielle. L. Gbagbo arrive en tête avec 38% des voix contre 32% pour A. Ouattara et 25% pour H. K. Bédié.
28 novembre 2010	Deuxième tour de l'élection présidentielle opposant Gbagbo et Ouattara.
2 décembre 2010 **3 décembre 2010**	La Commission électorale indépendante (CEI) déclare Ouattara vainqueur avec 54,1% des voix (contre 45,9% pour Gbagbo). La Conseil constitutionnelle invalide les résultats de la CEI et proclame Gbagbo vainqueur avec 51,45% (contre 48,55% pour Ouattara). Début de la crise post-électorale.
4 décembre 2010	Gbagbo prête serment au palais présidentiel du Plateau (Abidjan)/[le matin]. Il forme son gouvernement.
4 décembre 2010	Ouattara prête serment sur l'honneur (par un courrier transmis au Conseil constitutionnel) dans son quartier général de campagne à l'Hôtel du golf de Cocody (Abidjan)/[après-midi]. Son élection est reconnue par l'ONU, la CEDEAO, UA, UE, etc. (la Communauté internationale). Un pays, deux présidents.
31 janvier 2011 **11 avril 2011**	Lors du sommet de l'UA, le conseil de sécurité et de paix de l'UA décide de confier à un panel de 5 chefs d'État représentant les régions africaines, avec pour tâche de résoudre dans un délai d'un mois la crise ivoirienne. Après leurs travaux, il reconnaît A. Ouattara comme le président de la Côte d'Ivoire. Arrestation de l'ex-président Gbagbo par les FRCI (avec l'aide de l'ONUCI, voire l'armée française), après la

	bataille d'Abidjan. Fin de la crise post-électorale. Elle s'est soldée par 3.000 morts.
21 mai 2011	Investiture du président élu A. Ouattara à Yamoussoukro (capital politique) devant plusieurs chefs d'État, dont le président français.
30 novembre 2011	Transfère de L. Gbagbo à la Cour pénale internationale (CPI-La Haye), où il sera jugé pour coauteur indirect de « crime contre l'humanité ».
11 décembre 2011 **et 26 février 2012**	Élection des députés à l'Assemblée nationale a enregistré un taux de participation nationale de 36,56% et des violences, en l'occurrence 2 morts. Le scrutin fut boycotté par l'opposition pro-Gbagbo.
21 avril et 21 juillet 2013	Scrutin couplé des municipal et régional : élection municipale (36,6% de taux de participation) et 46,29% de taux de participation pour l'élection régionale. Il fut boycotté par l'opposition pro-Gbagbo.
23 mars 2014	Arrêté au Ghana, Charles Blé Goudé, « Leader des jeunes patriotes » un proche de l'ex-président L. Gbagbo a été transféré à la CPI, où il sera jugé pour crime contre l'humanité.
Mars-juin 2014 **8 septembre 2014**	4e RGPH, après ceux de 1975, 1988 et 1998. On a enregistré 24,2% de non Ivoiriens sur une population de 22.671.331 d'habitants. Le parti de l'ex-président Gbagbo (le FPI) avait appelé au boycott. Cérémonie marquant le retour officiel du siège de la BAD à Abidjan après onze ans de délocalisation à Tunis, suite au conflit ivoirien.
Fin décembre 2014 et **6 janvier 2015**	Reprise du procès aux assises de 85 pro-Gbagbo à Abidjan, lié à la crise post-électorale.
25 octobre 2015	Premier tour de l'élection présidentielle avec 10 candidats en course, dont 3 ont renoncé au scrutin à la veille pour les conditions d'organisation non satisfaisante. Le taux de participation fut de 52,86%.
2 novembre 2015	Le Conseil constitutionnel proclame Allassane Ouattara vainqueur de l'élection présidentielle (avec 83,66% des voix-RHPD). Il confirme alors les résultats de la CEI. A. Ouattara est suivi d'Affi N'Guessan Pascal (9,29 %-FPI), Kouadio Konan Bertin (3,88%-Indépendant).
3 novembre 2015	Investiture du Président A. Ouattara pour un second mandat de 5 ans. Il propose un referendum populaire (fin d'année 2016) sur la Constitution de 2000 à propos de l'article 35 et un nouveau poste de vice-président

	(**Troisième République de Côte d'Ivoire**). Pour une Côte d'Ivoire nouvelle, cette nouvelle Constitution serait intéressante, car elle se débarrasse de certaines dispositions « ivoiritaire », controversées et conflictuelles. Par exemple, on peut citer l'article 35 de la Constitution de 2000, qui exclut de la présidentielle le candidat dont les deux parents ne sont pas ivoiriens. Par ailleurs, le Président A Ouattara se dit favorable à la création d'un poste de vice-président. Mais quelle légitimité ce dernier aura-t-il, s'il est nommé sous cette mandature et non pas élu ? Et quelle sera sa légitimé à assurer une éventuelle succession ? Tandis que le Président de l'Assemblée nationale, à qui l'intérim constitutionnel est dévolu jusqu'ici, a au moins le mérite d'être « l'élu des élus ».
.	Déclaration du Président de la République dans le cadre des vœux à la nation pour l'année 2016. Il gracie plus de 3000 prisonniers de la crise post-électorale. Que cette nouvelle mesure concerne tous les prisonniers, ce qui pourrait favoriser la réconciliation nationale.
12 janvier 2016	Formation du nouveau gouvernement, Duncan III, sans trop de changement majeur. Un nombre pléthorique de 36 ministres.
28 janvier 2016	Début du procès-joints de l'ex-président ivoirien L. Gbagbo et de C. Blé Goudé à la CPI Cérémonie marquant le retour officiel du siège de la BAD à Abidjan après onze ans de délocalisation à Tunis, suite au conflit ivoirien.
Fin d'année 2016	Organisation probable des élections locales et législatives ainsi que le référendum populaire de la Constitution.

BIBLIOGRAPHIE

-ADDR (2014), 6 novembre, www.abidjan.net/chiffre clef n°2165, dernière consultation le 7 novembre 2014.

Achiepo G. (1981), *Commercialisation des produits d'exportation en Côte d'Ivoire. Exemple du cacao et du café,* Doctorat de 3e cycle en sciences économiques, Université de Paris VIIIVincennes-Saint-Denis.

Amin S. (1967), *Le développement du capitalisme en Côte d'Ivoire,* Paris, Éditions de minuit.

Attébi D. (1995), *Le défi africain. L'urgence d'une alternative économique en Côte d'Ivoire,* Paris, L'Harmattan.

BAD/OCDE (2007), « La Côte d'Ivoire », *Perspective Economique en Afrique,* pp.243-257.

Banque Mondiale (2010), *Données Côte d'Ivoire,* http://donnees.banquemondiale.org/sites/defaut/files/countries/fr/cote-d-ivoire fr.xls, dernière consultation le 24 août 2010.

Bayle B. (2007), *Côte d'Ivoire 1993-2003. Autopsie d'une déchirure,* Mémoire de Maîtrise (Master 1) en histoire, Montpellier, Université Paul-Valéry-Montpellier III.

Boa Thiémelé L. (2003), *L'ivoirité entre culture et politique,* Paris, L'Harmattan.

Cabrillac B. (2000), « Les aspects économiques et financiers de la crise ivoirienne », *Afrique contemporaine,* n°193, janvier-mars, pp.38-44.

Chauveau J-P. (2005), « Crise foncière, crise de la ruralité et relations entre autochtones et migrants sahéliens en Côte d'Ivoire forestière », *Outre-terre (revue française de géopolitique),* n°11, pp.247-264.

Coquery-Vidrovitch C. (1999), *L'Afrique et les Africains au XIXe siècle. Mutations, révolutions, crises,* Paris, Armand Colin.

Coquery-Vidrovitch C., Moniot H. (2005), L'Afrique noire. De 1800 à nos jours, Paris, PUF, 5e édition.

Cowen T., Suttler D. (2007), « Conflit, Cocperation and Competition in Anarchy », Stringham E. (ed.), 2007, *Anarchy and the Law. The Political Choice,* New Brunswick, NJ, Transaction Publishers, pp.315-321.

David P. (2000), *Côte d'Ivoire,* Paris, Karthala.

CURDIPHE (1996), « L'ivoirité ou l'esprit du nouveau contrat social du président Henri Konan Bédié », *Ethics*, Revue de la CURDIPHE, n°1, Abidjan, Presses Universitaires de Côte d'Ivoire.

CURDIPHE (2000), « L'ivoirité ou l'esprit du nouveau contrat social du président Henri Konan Bédié », *Politique africaine,* n°78, juin, pp.65-69.

Dago G. J. (2012), *L'investissement direct étranger en Côte d'Ivoire. Économie politique et changement institutionnel*, Paris, L'Harmattan.

Dago G. J., El Karouni I. (2010), « Économie et instabilité politique en Côte d'Ivoire : une analyse en termes de coordination destructive », Économie Appliquée, tome 63, n°3, pp. 145-177.

De Miras C. (1982), « L'entrepreneur ivoirien ou la bourgeoisie privée de son état », Fauré Y.-A., Médard J.-F. (dir.), *État et bourgeoisie en Côte d'Ivoire*, Paris, Karthala, pp.181-229.

Diarra S. (1997), *Le faux complot d'Houphouët-Boigny : fracture dans le destin d'une nation 1959-1970,* Paris, Karthala.

Domergue-Cloarec D. (1974), *La Côte d'Ivoire de 1912 à 1920 : influence de la Première Guerre mondiale sur l'évolution politique, économique et sociale,* Thèse de Doctorat de 3e cycle en sciences humaines, Université de Toulouse Le Mirail.

Dozon J-P. (2000), « La Côte d'Ivoire au péril de l' « Ivoirité ». Genèse d'un coup d'État », *Afrique contemporaine,* n°193, janvier-mars, pp.13-23.

FMI (2013), *Côte d'Ivoire : Plan national de développement-Note consultative conjointe*, Rapport du FMI n° 13/173, juin, Washington D.C., 14 pages.

FMI (2014), *Côte d'Ivoire : Consultations de 2013 au titre de l'article IV et quatrième revue de l'accord au titre de la facilité élargie de crédit*, Rapport du FMI n° 13/367, janvier, Washington D.C., 17 pages et annexes.

Furubotn E. G., Pejovich S. (1972), "Property Rights and Economic Theory: a survey of recent literature", *The Journal of Economic Literature,* volume 10, n°4, pp.1137-1162.

Fraternité-Matin (2014), « RGPH : Le pays compte 23 millions d'habitants avec plus d'hommes que de femmes », 23 décembre, Abidjan, www.abidjan.net, dernière consultation le 23 décembre 2014.

Garrier C. (2007), *Forêt et institutions ivoiriennes,* Paris, L'Harmattan.

Guillaneuf R. (1975), La presse en Côte d'Ivoire. La colonisation. L'Aube de la colonisation 1906-1956, Doctorat de 3e cycle en histoire, Université de Paris 1-Panthéon-Sorbonne.

Hirsleifer J. (2001), *The Dark Side of the force, Economic Foundations of Conflit Theory*, Cambridge, Cambridge University Press.

Hugon P. (2003), « Côte d'Ivoire : plusieurs lectures pour une crise annoncée », *Afrique contemporaine,* n°206, Eté, pp.105-127.

Hugon P. (2006), « Conflits armés, insécurité et trappes a pauvreté en Afrique », *Afrique contemporaine,* n°218, pp.33-47.

Ibn Khaldûn (1378 [2002]), *Le livre des exemples, I. Autobiographie, Muqaddima,* présenté et traduit par A.

Cheddadi, Paris, Gallimard, collection Bibliothèque de la Pléiade.

Investir en zone franc-IZF. (2005), « Notation 2003 du risque d'instabilité politique », www.izf.net/Côte d'Ivoire.

Jarret M-F., Mahieu F-R. (2002), *La Côte d'Ivoire. De la déstabilisation à la refondation,* Paris, L'Harmattan.

Kipré P. (1985), *Villes de Côte d'Ivoire 1893-1940,* Tomes 1 et 2, Abidjan-Dakar-Lomé, Les Nouvelles Éditions Africaines.

Kipré P. (2005), *Côte d'Ivoire. La formation d'un peuple*, Paris, SIDES.

Koulibaly M. (2011), *La responsabilité politique. Le cas de la Côte d'Ivoire,* Paris/Côte d'Ivoire, L'Harmattan.

Kornai J. (1984), « Bureaucratic and Market Coordination », *Osteuropa Wirtschaft,* vol.29, n°4, pp.306-319.

Kornai J. (1992), *The Socialist System, The Political Economy of Communism*, Oxford, Clarendon Press

Le Jour (1999), jeudi 20 mai, n°1285, Abidjan.

Le Temps (2008), 5 décembre, Abidjan.

Lindblom C. (1977), Politics and Markets. The World's Political Economic Systems, New York, Basic Books.

Meillassoux C. (1999), *Anthropologie économique des Gouro de Côte d'Ivoire. De l'économie de substance à l'agriculture commerciale*, Paris, Editions de l'EHESS.

Memel-Fotê H. (1999), « Un mythe politique des Akans en Côte d'Ivoire : le sens de l'État », Valsecchi P., Viti F. (dir.), *Monde akan. Identité et pouvoir en Afrique occidentale,* Paris, L'Harmattan, pp.21-42.

Michailof S. (2005), « Côte d'Ivoire 2005 : bienvenue sur le Titanic ! », *Commentaire,* n°110, Eté, pp.393-403.

Ministère de l'Économie et des Finances (2012), Côte d'Ivoire : Progrès et défis de l'après-crise, Séminaire « Marché de la prochaine génération », J.P. Morgane Washington D.C., document de 19 pages destiné au FMI.

Ministère de l'Éducation Nationale (1977), *Évolution de l'enseignement général en Côte d'Ivoire de 1970/71 à 1975/76*, 23 p., disponible sur www.ibe.unesco.org/National_Reports/CotedIvoire/nr_mf_iv_1977_f.pdf, dernière consultation le 24/08/2010.

Ministère de l'Éducation Nationale (1981), *Rapport national 1978-1980,* Abidjan, Direction de la planification et des investissements, 32 p., disponible sur www.ibe.unesco.org/National_Reports/CotedIvoire/nr_mf_iv_1981_f.pdf, dernière consultation le 24/08/2010.

N'Gango G. (1973), *L'investissement étranger en Afrique noire francophone : statut et incidence,* Paris, Présence Africaine.

Niangoran Bouah G. (1996), "Les fondements socioculturels de l'ivoirité", *Ethics*, Revue de la CURDIPHE, n°1, Abidjan, Presses Universitaires de Côte d'Ivoire.

Niangoran Porquet D.S. (1974), « Ivoirité et authenticité », *Fraternité-Matin,* Abidjan.

North D.C. (1981), *Structure and Change in Economic History,* New York, London, W. W. Norton and Company.

North D.C. (1990), *Institutions, Institutional Change and Economic Performance,* Cambridge, Cambridge University Press ; traduit en Français (2005), *Le processus du développement économique,* Paris, Éditions d'Organisations.

North D.C. (1994), « Economic Performance through Time », *American Economic Review,* vol.84, n°3, pp.359-368.

North D.C. (1997), "The new institutional economics and third world development". In Hariss J., Hunter J., Lewis C. (edit), The new institutional economics and third world development, London and New York, Edition Routledge.

North D.C. (2005), *Le processus du développement économique,* Paris, Éditions d'Organisations.

Polanyi K. (1944 [1983]), *La grande transformation. Aux origines politiques et économiques de notre temps,* Paris, Gallimard.

Polanyi K. (1957 [1975]), « L'économie com worldme processus institutionnalisé », Polanyi K., Arensbern C., Pearson K. (direction), *Les systèmes économiques dans l'histoire et la théorie,* Paris, Larousse.

Polanyi K. (1968), *Primitive, Archaic and Modern Economics. Essays of Karl Polanyi,* édition de G. Dalton, Boston, Beacon Press.

Polanyi K. (1977), *The Livelihood of Man,* édition de H.Pearson, New-York, Academic Press.

Rougerie G. (1982), *La Côte d'Ivoire,* Paris, PUF, Collection Que sais-je ?

Ruellan A. (1993), « Dégradation des sols. Une atteinte à la vie », *État de l'environnement dans le monde,* Paris, La Découverte.

Sandlar C. (2005), « Les « titrologues » de l'ivoirité », *Outre-terre (revue française de géopolitique),* n°11, pp.229-240.

Sarraut A. (1923), *La mise en valeur des colonies françaises,* Paris, Payot.

Schwartz A. (2000), « Le conflit foncier entre Krou et Burkinabè à la lumière de l'institution krouman », *Afrique Contemporaine,* n°193, janvier-mars, pp.56-66.

Sindzingre A. (2000), « Le contexte économique et social du changement politique en Côte d'Ivoire », *Afrique contemporaine,* n°193, janvier-mars, pp.27-37.

Terray E. (1969), *Le marxisme face aux sociétés primitives : deux études,* Paris, F. Maspero.

The Guardian (2000), 12 janvier, Lagos.

Touré M. (2000), « Immigration en Côte d'Ivoire : la notion de « seuil tolérable » relève de la xénophobie », *Politique africaine*, n°78, juin, pp.75-93.

Vahabi M. (2004), *The Political Economy of Destructive Power*, Cheltenham (UK), Mass., USA, Edward Elgar.

Vahabi M. (2006), "Destructive power, enforcement and Institutional change, *East-West", Journal of Economics and Business*, vol.IX, n°1, pp.59-89.

Vahabi M. (2009a), "An Introduction to Destruction Coordination", *American Journal of Economics and Sociology*, vol.68, n°2, pp.353-368.

Vahabi M. (2009b), "Integration Social Conflict into Economic Theory", *Cambridge Journal of Economics*, 14 July, doi : 10.1093/cje/bep043.

Vahabi M. (2010), « Ordres contradictoires et coordination destructive : le malaise iranien », *Revue canadienne d'études du développement (Canadian Journal of Development Studies)*, vol.30, n°3-4, pp.503-534.

Volkov. V.V. (2002), Violent Entrepreneurs: The Use of Force in the Making of Russian Capitalism, New-York, Cornell University Press.

www.cei.org/Résultats des élections présidentielles 2010, dernière consultation le 15 janvier 2015.

Yayat d'Alépé H. (1979), *Une économie coloniale de transition : la Côte d'Ivoire de 1893 à 1912*, Doctorat de 3e cycle en histoire, Université de Paris VII.

TABLE DES MATIÈRES

Côte d'Ivoire

aux éditions L'Harmattan

Dernières parutions

LAURENT GBAGBO : LA FOI EN LA DÉMOCRATIE
L'élection présidentielle de l'an 2000
Dano Djedje Sébastien
Dans une Afrique encore en proie aux réflexes du parti unique et où les anciens colonisateurs continuent de nier la souveraineté des États, Laurent Gbagbo cultive une foi inébranlable en la démocratie pour conjurer les aventures hasardeuses des coups d'État et des conflits armés. En 2000, il est élu président de la République de Côte d'Ivoire grâce à une mobilisation exceptionnelle du peuple ivoirien. Ce livre est le témoignage vivant d'un acteur majeur de cet épisode de l'accession de Laurent Gbagbo à la magistrature suprême.
(12.50 euros, 118 p.)
ISBN : 978-2-343-06249-5, ISBN EBOOK : 978-2-336-37918-0

PENSER LA RÉCONCILIATION POUR PANSER LA CÔTE D'IVOIRE
Kouakou Jean-Marie
Les contributions réunies dans cet ouvrage s'inscrivent dans le contexte de crises que traverse la Côte d'Ivoire depuis deux décennies : crise sociétale, crise institutionnelle, crise armée, crise politique. Le projet commun a été de réfléchir le problème à partir de ses fondements, de ce qui le caractérise et le nourrit afin de pouvoir proposer des solutions comme à l'effet d'un pansement.
(Coll. Études africaines, 24.00 euros, 232 p.)
ISBN : 978-2-343-06088-0, ISBN EBOOK : 978-2-336-38128-2

DU JOURNALISME EN CÔTE D'IVOIRE
Barbey Francis, Moussa Zio - Préface de Marie-Christine Lipani
Ce livre n'est pas une simple analyse du journalisme (et de ses faiblesses) en Côte d'Ivoire. Il interroge également le rôle des journalistes dans la mise en place d'un «vivre ensemble», pensé tel un bien commun. Les auteurs évoquent un «journalisme citoyen», permettant aux individus de devenir des citoyens à part entière, des personnes sociales aptes à décider de leur choix de vie, de leurs orientations sociales et politiques, et de sortir du conformisme ou de toute tentative de manipulation.
(Coll. Repenser les médias, 15.50 euros, 152 p.)
ISBN : 978-2-343-06347-8, ISBN EBOOK : 978-2-336-38178-7

UN CONCEPT DE SÉNAT IVOIRIEN

Kobou Dominique

Les crises politiques et militaires en Côte d'Ivoire proviennent en partie de la faiblesse de ses institutions nationales, incapables de maintenir la stabilité. De l'Indépendance jusqu'au multipartisme en 1990, elles ont été conçues dans une logique de parti unique centré autour du président Houphouët-Boigny. Elles doivent désormais être repensées pour permettre à toutes les tendances politiques majeures de cohabiter, notamment avec un Sénat élu à la proportionnelle au Parlement et des élections de mi-mandat.

(25.00 euros, 256 p.)

ISBN : 978-2-343-03064-7, ISBN EBOOK : 978-2-336-37429-1

LA DÉCENTRALISATION À L'ÉPREUVE DE LA CRISE ÉCONOMIQUE EN CÔTE D'IVOIRE

Mel Trotsky

Préface du Professeur Atta Koffi

C'est l'année 1980 qui marque le véritable départ de la politique de décentralisation en Côte d'Ivoire. Mais dans un contexte de crise économique comment se comporte-t-elle ? Il s'agit ici d'identifier les besoins et attentes des populations, d'évaluer la réponse de la décentralisation à la demande sociale exprimée et de mesurer les effets de la crise économique sur les investissements des collectivités territoriales et sur le cadre de vie des populations.

(Coll. Administration et Aménagement du Territoire, 28.00 euros, 266 p.)

ISBN : 978-2-343-04842-0, ISBN EBOOK : 978-2-336-37548-9

L'ASSURANCE MALADIE UNIVERSELLE (AMU) EN CÔTE D'IVOIRE

Enjeux, pertinence et stratégie de mise en œuvre

Ohouochi Clotilde

Véritable innovation en Afrique subsaharienne, l'Assurance maladie universelle devient l'un des grands chantiers de la politique sociale du gouvernement ivoirien. L'urgence en la matière est réelle et incompressible. L'État doit créer des conditions idoines pour se substituer aux mécanismes traditionnels d'aide et de soutien, en inventant une politique de solidarité nationale ambitieuse, moderne et rationnelle. Cet essai participe de la volonté affirmée de montrer que les pays africains, et principalement la Côte d'Ivoire, ont la capacité de faire croître harmonieusement des mécanismes d'AMU malgré leur relative pauvreté économique.

(Coll. IREA (Institut de recherche et d'études africaines), 19.00 euros, 182 p.)

ISBN : 978-2-343-06022-4, ISBN EBOOK : 978-2-336-37391-1

RESTAURATION DES FONDEMENTS ANCESTRAUX FACE AUX DÉFIS DE LA VIE

Kouame Augustin

Le révérend Augustin Kouame est le fondateur et pasteur principal de la mission ICN (Instrument de Christ pour les Nations) en Côte d'Ivoire. Pasteur et enseignant, il a acquis depuis près de quinze ans de nombreuses expériences pratiques qui lui valent une certaine notoriété dans le domaine du combat spirituel et de la délivrance. Il est promoteur de la retraite spirituelle dénommée

«Transformation», pour la restauration des vies en Christ. Il est fondateur de l'École biblique du royaume.
(Coll. Croire et savoir en Afrique, 12.50 euros, 110 p.)
ISBN : 978-2-343-05564-0, ISBN EBOOK : 978-2-336-37381-2

QUELLE PLACE POUR LES «FOUS GUÉRIS» ?
Gbagbo Michel
Comment un ancien malade «mental», sorti de l'hôpital psychiatrique, peut-il retrouver sa place au travail, au sein de la famille, ou parmi des amis du quartier ? Le «fou-guéri» effraie. Dans l'agglomération abidjanaise, les conceptions traditionnelles de la maladie mentale ne sont pas les seules variables impliquées dans cette façon de percevoir le «fou-guéri».
(Coll. États, pouvoirs et sociétés, 23.00 euros, 234 p.)
ISBN : 978-2-343-05717-0, ISBN EBOOK : 978-2-336-37234-1

LE PROCÈS DE LAURENT GBAGBO
Côte d'Ivoire, l'Afrique face à son destin
Fouda Essomba Vincent Sosthène
Selon l'auteur, ce livre est la somme des idées de Laurent Gbagbo telles qu'il aurait souhaité les adresser aux différents chefs d'État africains et des pays de l'Amérique du Sud. Il s'agit ici de rendre public le travail qu'avait confié Laurent Gbagbo à l'auteur au cœur de la crise qui a secoué la Côte d'Ivoire dès le lendemain du second tour de la présidentielle de 2010.
(12.00 euros, 90 p.)
ISBN : 978-2-343-05128-4, ISBN EBOOK : 978-2-336-36891-7

PAR LA FORCE, ALASSANE OUATTARA PRÉSIDENT DE LA CÔTE D'IVOIRE
La démocratie à l'épreuve
Money Elie Z.
Cet ouvrage relate la prise de pouvoir d'Alassane Ouattara, actuel président de la Côte d'Ivoire, sur le régime de Laurent Gbagbo et les évènements liés à ce changement. Pour l'auteur, ce livre est une thérapie contre l'angoisse née de cette guerre : il y décrit les évènements quotidiens de ce nouveau régime caractérisé par l'ethnisme, la terreur, le pillage ou encore l'acharnement de la justice contre le camp des partisans de l'ancien président, tout en interrogeant le sort du peuple Ivoirien.
(29.00 euros, 288 p.)
ISBN : 978-2-343-04974-8, ISBN EBOOK : 978-2-336-36995-2

UN AUTRE HOUPHOUËT
Chroniques de son médecin
Bertrand Edmond
Dans ce livre, le professeur Edmond Bertrand, qui a rencontré de très nombreux malades dont le président Félix Houphouët-Boigny, rapporte des faits observés et des paroles entendues au cours d'échanges le plus souvent impromptus. Extérieur au système social et politique local, il fait apparaître des aspects peu connus de la personnalité humaine du président. Témoin naïf diront certains mais témoin

sincère qui révèle «un autre Houphouët», caché le plus souvent derrière l'homme politique.
(13.50 euros, 128 p.)
ISBN : 978-2-343-05120-8, ISBN EBOOK : 978-2-336-36946-4

LES AKAN, PEUPLES ET CIVILISATIONS
Allou Kouamé René
Les populations des côtes de l'or et quaqua ainsi que de leurs arrière-pays, ont été appelées Akan. C'est à juste titre, car elles partagent des us et coutumes semblables, des institutions politiques et sociales identiques, avec parfois des particularités locales. Elles partagent une culture commune qui tire ses racines dans un héritage ancestral partagé.
(Coll. Harmattan Côte-d'Ivoire, 60.00 euros, 910 p.)
ISBN : 978-2-343-04987-8, ISBN EBOOK : 978-2-336-36899-3

TRÉSOR PUBLIC ET POLITIQUE FINANCIÈRE EN CÔTE D'IVOIRE
Des origines à nos jours
N'Gouan Patrick K. - Préface de Joseph Y. Yao
Les différentes réformes budgétaires et comptables, entreprises depuis la fin des années 1990, visent une meilleure performance de la gouvernance financière. Le Trésor public, étant au cœur de la politique économique de l'État, devrait poursuivre ses réformes internes, en termes d'innovation, de répartition et de coordination des attributions et tâches, afin de pouvoir répondre aux différents enjeux et défis de performance exigés par les perspectives financières internationales, sous-régionales et nationales.
(Coll. Harmattan Côte-d'Ivoire, 37.50 euros, 366 p.)
ISBN : 978-2-343-05594-7, ISBN EBOOK : 978-2-336-36996-9

BUDGET (LE) DE L'ÉTAT IVOIRIEN
Financer le développement
Kouyaté Mohamed D.
Préface de Daniel Kablan Duncan
Cet ouvrage dédié au budget de l'État participe de la mise en œuvre de la stratégie de vulgarisation d'un concept largement sanctuarisé. Il veut s'essayer à la cristallisation des enseignements relatifs aux finances publiques de l'État de Côte d'Ivoire vue sous l'angle du budget. Ce livre est une invite à explorer davantage les différentes composantes de ce redoutable instrument de politique économique et sociale qu'est le budget de l'État.
(Coll. Harmattan Côte-d'Ivoire, 32.00 euros, 314 p.)
ISBN : 978-2-343-03852-0, ISBN EBOOK : 978-2-336-36495-7

L'HARMATTAN ITALIA
Via Degli Artisti 15; 10124 Torino
harmattan.italia@gmail.com

L'HARMATTAN HONGRIE
Könyvesbolt ; Kossuth L. u. 14-16
1053 Budapest

L'HARMATTAN KINSHASA
185, avenue Nyangwe
Commune de Lingwala
Kinshasa, R.D. Congo
(00243) 998697603 ou (00243) 999229662

L'HARMATTAN CONGO
67, av. E. P. Lumumba
Bât. – Congo Pharmacie (Bib. Nat.)
BP2874 Brazzaville
harmattan.congo@yahoo.fr

L'HARMATTAN GUINÉE
Almamya Rue KA 028, en face
du restaurant Le Cèdre
OKB agency BP 3470 Conakry
(00224) 657 20 85 08 / 664 28 91 96
harmattanguinee@yahoo.fr

L'HARMATTAN MALI
Rue 73, Porte 536, Niamakoro,
Cité Unicef, Bamako
Tél. 00 (223) 20205724 / +(223) 76378082
poudiougopaul@yahoo.fr
pp.harmattan@gmail.com

L'HARMATTAN CAMEROUN
BP 11486
Face à la SNI, immeuble Don Bosco
Yaoundé
(00237) 99 76 61 66
harmattancam@yahoo.fr

L'HARMATTAN CÔTE D'IVOIRE
Résidence Karl / cité des arts
Abidjan-Cocody 03 BP 1588 Abidjan 03
(00225) 05 77 87 31
etien_nda@yahoo.fr

L'HARMATTAN BURKINA
Penou Achille Some
Ouagadougou
(+226) 70 26 88 27

L'HARMATTAN SÉNÉGAL
10 VDN en face Mermoz, après le pont de Fann
BP 45034 Dakar Fann
33 825 98 58 / 33 860 9858
senharmattan@gmail.com / senlibraire@gmail.com
www.harmattansenegal.com

L'HARMATTAN BÉNIN
ISOR-BENIN
01 BP 359 COTONOU-RP
Quartier Gbèdjromèdé,
Rue Agbélenco, Lot 1247 I
Tél : 00 229 21 32 53 79
christian_dablaka123@yahoo.fr

Achevé d'imprimer par Corlet Numérique - 14110 Condé-sur-Noireau
N° d'Imprimeur : 131408 - Dépôt légal : septembre 2016 - *Imprimé en France*

www.ingramcontent.com/pod-product-compliance
Lightning Source LLC
LaVergne TN
LVHW051409061026
849535LV00009B/3436
* 9 7 8 2 3 4 3 0 9 8 2 5 8 *